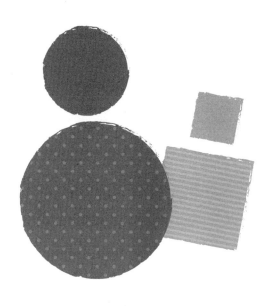

顺势成长

发现孩子身上的独特优势，让孩子顺势成长

张振祥 ——— 著

台海出版社

图书在版编目（CIP）数据

顺势成长：发现孩子身上的独特优势，让孩子顺势
成长 / 张振祥著. -- 北京：台海出版社，2022.11
ISBN 978-7-5168-3426-8

Ⅰ.①顺… Ⅱ.①张… Ⅲ.①家庭教育 Ⅳ.①G78

中国版本图书馆CIP数据核字（2022）第203464号

顺势成长：发现孩子身上的独特优势，让孩子顺势成长

著　者：张振祥

出 版 人：蔡　旭　　　　　　　封面设计：于　芳
责任编辑：员晓博

出版发行：台海出版社
地　　址：北京市东城区景山东街20号　邮政编码：100009
电　　话：010-64041652（发行，邮购）
传　　真：010-84045799（总编室）
网　　址：www.taimeng.org.cn/thcbs/default.htm
E - mail：thcbs@126.com

经　　销：全国各地新华书店
印　　刷：三河市宏顺兴印刷有限公司
本书如有破损、缺页、装订错误，请与本社联系调换

开　　本：710毫米×1000毫米　　1/16
字　　数：170千　　　　　　　　印　　张：14.5
版　　次：2022年11月第1版　　　印　　次：2022年11月第1次印刷
书　　号：ISBN 978-7-5168-3426-8

定　　价：59.80元

看懂势能，解开孩子的成长密码

　　我一直在想，我的这本《顺势成长》到底是什么样的亲子书。思量再三，感觉并不太容易从"是什么"的角度说得明白，所以我们从"不是什么"的角度说起。可以明确的是，这肯定不是一本精研技术的亲子教育书，事实上市面上也不缺这样的书。譬如怎么让孩子更爱学习，怎么对孩子进行情商教育，怎么增强孩子的动手能力，怎么提升孩子的社交和领导能力……凡此种种，大凡具体到可操作的技术层面，都已经有不少权威人士分享过他们的经验和智慧，如果作用得当，这些经验和智慧就足够帮助我们做好各种事情了。

　　但是，这些经验和智慧用起来效果到底如何呢？坦白地说，取得较好效果的并不多，这当中的原因很复杂，有对方法理解和接受的问题，也有具体使用时的偏差，但更重要的是我们对使用对象了解的局限性。

　　或者，说得更加直接一点，很多人学到了专家的方法却并不了解自己的孩子。也因为我们对孩子的不了解，很多原本很好的方法在我们手里就变得不那么好用了，更有甚者还会适得其反。

这样的说法可能让很多家长觉得并不那么好接受。都说知子莫若父，知女莫若母，难道自己家孩子什么样，自己还不知道吗？事实上，恐怕真的是这样。

其实，这并不难理解，我们可以把孩子比作一部智能手机。虽然都叫智能手机，但是不同品牌、不同型号的手机，区别还是非常大的。譬如内存，譬如芯片，譬如拍照和音质效果，譬如充电速度和待机时长，譬如软件的开放性和兼容性等，都存在着很大的不同。不同的手机自然也有不同的使用方法，同样的拍照技术，用拍照手机和音乐手机拍出来的效果自然也是不一样的。

而孩子的精密和复杂程度，比智能手机要高得多。更糟糕的是，孩子并没有使用说明书，他们的各项参数都处于隐藏状态，而且我们并没有更多摸索和试错的机会，因为成长是个不可逆的过程，有些东西错过了就真的没有机会了。所以了解孩子就成了父母的第一必修课，这远比具体的方法要重要得多。每一个孩子都是与众不同的，都值得我们用独一无二的方法来引导他们自身的成长基因。而孩子本身所具备的独一无二的成长基因就是我们所说的"势"，我们说的顺势成长就是包括我们家长在内的所有外界的辅助，都要顺应他的这个势。

现在我们就可以给这本书定位了，这是一本让我们发现每个孩子独特成长密码的工具书，也是一本让我们已掌握的方法践行得更顺畅、更高效的亲子教育书。

当下社会有两大充满焦虑情绪的人群，一种是渴望通过学习拥有不凡人生的奋斗者，另一种是渴望通过自己的学习给孩子一个不凡人生的家长。

焦虑的奋斗者经常说的一句话就是："为什么读了很多书，懂得了很多的道理，却依旧过不好自己的一生？"

而焦虑的家长经常说的一句话则是："为什么学了很多专家分享的教育方法，却依旧无法改变孩子的现状？"

这里我们只说焦虑的家长，家长因为焦虑而学习，又因为解不开孩子的成长密码而更加焦虑。原本在专家那里很好用的方法，自己用起来效果却有天壤之别，我们和专家之间的区别就在于对每个孩子独特的势的洞察。这就像是照菜谱做菜的普通人和烹饪大师之间的区别，照"谱"宣科最难的地方就在于对少许、若干、适量的把握和拿捏，这个分寸感来自烹饪大师对各种食材的独特理解，也就是食材本身的"势"。他们也在顺势而为，只有这样才能最大限度地激发出食材本身的优势。就像大家都熟悉的那句话："高端的食材，往往只需要最朴素的烹饪方式。"

这其实就是在最大限度地顺应食材的势，于美食、于食材、于烹饪，这才是最高的境界。同样，对于孩子的成长和家长的焦虑而言，最高的境界也不过是一个顺势而为，我们要顺的这个势，便是隐藏在每一个孩子身上的独特的成长优势。只要我们读懂并顺应了这个势，就会发现很多事情做起来其实并没有那么难。那种从母慈子孝到鸡飞狗跳只需要一份家庭作业的情况也就完全可以避免了。

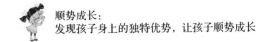
孩子成长的过程完全可以呈现出自由、优雅和高效的姿态，其中，自由是属于孩子的，优雅是属于家长的，高效是属于顺势成长的。

愿所有的成长都不再忙乱，所有的孩子都不再憋屈，所有的家长都足够优雅，让我们跟孩子们一起，顺势成长。

目　录

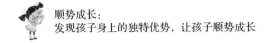
第三章　父母的心理依赖症，原来我们都被孩子驯养了

第四章　孩子天性的觉醒，需要爱的滋养

第五章　留点自由给孩子，留点空间给天赋

第六章　优势成长，放弃那个无所不能的孩子

第七章　让天赋自发生长，优雅且高效地顺势成长

第一章

九个维度，读懂孩子的成长密码

第一节　孩子和父母，谁才是一张白纸

"之前我们都说孩子就像是一张白纸，或者是一块干净的画布，我们在上面画什么就有什么。这话到底有没有道理？"

提出这个问题的是我的一个朋友。她说前不久去参加了一个宝宝的满月宴，宝宝的妈妈和奶奶的话让她开始觉得这话有点儿不对味儿。

她说那位宝爸是美国留学回来的法学博士，宝妈是仲裁机构的一位科长，非常优秀的两个年轻人。而宝宝的爷爷奶奶都是教育工作者。席间，老两口儿抱着孙子挨个儿跟亲朋好友攀谈，接受他们的祝福，同时也享受着亲朋们投来的羡慕的目光。然后孩子的奶奶就忍不住开始规划起孙子的未来。

"我这大孙子一看就是当法官的料，我敢肯定他将来一定是个出色的法官。"

奶奶说这话的时候，脸上眉梢都挂着藏不住的喜悦和自豪。旁边的宾客也都连声附和，说："张老师这话一准儿错不了，您能培养出来一个优秀的法官，就一定能再培养出一个当法官的孙子。再说了，这孩子的爸爸妈妈又都是法律工作者，这么好的基因，这么好的环境，您又这么会教育孩子，这不就三重保险了吗？"

宝爸看着老妈一脸的兴奋，也没好意思说什么。但是宝妈接过了话茬儿说："妈，宝宝这才刚满月，也看不出什么来。而且，将来的事儿我们还是等宝宝长大了自己决定吧。"

儿媳妇的这句话显然是有些坏了婆婆的兴致，老人家有些不高兴地说："话可不是这么说的，我跟你爸都是做教育工作的，我们明白这里面的道理。就教育孩子这事儿，你等他长大了再说就什么都来不及了。这孩子呀，他刚生下来就像是一张白纸，以后能变成什么样，就看做家长的怎么去塑造了。你总想着等等看，很容易就把孩子给耽误了。"

"不是，妈。我们的意思是想看看孩子将来适合做什么。"

媳妇还是想坚持一下自己的想法，但是这并不能改变婆婆的意见，婆婆说话的语气也更加严肃了："你们年轻人可能理解不了，孩子是一张白纸的意思就是他没有什么适合不适合的。因为他是空白的，你在上面写什么就有什么，而且越小的孩子可塑性就越强。如果不趁着这时候去塑造他，等到他已经被涂上别的颜色的时候你才想改变他，可就真的来不及了。你看小阳子（宝宝的爸爸），他现在性格很好，习惯很好，学习工作都很好吧？如果不是我生下他就辞职，在他很小的时候就开始塑造他的话，现在还真说不准能不能变得这么优秀呢。"

后来，在宝宝爸爸的暗示下，为了避免局面变得尴尬，宝宝妈妈主动结束了婆媳间的这次讨论。但是这次讨论却引起了这位朋友的深思。因为她知道一些这位婆婆现在不知道、以后也可能不会知道的真相。这位让妈妈以为成功塑造了美好人生的小阳子，确实很优秀，小学、中学、大学一直都是学霸，去美国留学期间也是拿奖学金的。而且在实习期间就已经在北京拥有了自己的一套房子，且不是靠家里。他性格很谦和，是一个阳光、温暖的人，没有有些精英身上惯有的那种高傲和冷漠，但是骨子里你能感受到他对底线和原则的坚持。回国以后，工作、恋爱、结婚、生子，一切都很美好。

但是，只有少数几个熟悉他的人知道，他并不快乐。他虽然很谦和，看起来很阳光，身边也有不少的朋友，但是他就是没办法像他们一样开心，哪怕是在大家以为他很开心的时候。因为这种待人接物的态度是妈妈规定的，妈妈说这样才会有更多的朋友。他没办法跟朋友开玩笑，朋友也没办法跟他开玩笑，虽然他很想那么做。因为妈妈从小就跟他说，你将来是要做法官的，而法官是不能乱说话的。他难得的开心就是偶尔在练歌房的短暂时光。他很爱唱歌，也很会唱歌，这是他小时候的梦想。可是妈妈说，对于一个将来要做法官的人来说，唱歌就是不务正业。所以，就算是已经升级为家长的他偶尔去唱歌，也不会让妈妈知道。相熟的朋友也曾经开玩笑地问过他，说你爸妈是怎么开启你这"开挂"似的人生的？他很严肃地回答："打呀，往死里打的那种。"

这样的回答让朋友们觉得很是意外，更让他们意外的是，看起来一切都很好的小阳子现在已被诊断为轻度抑郁，这个情况恐怕他的母亲永远也想不到。

我总觉得我们的父母在教育孩子这件事上是没有什么底线的，甚至已经到了毫无顾忌的地步。听完这个故事，这种感觉就更坚定了。尤其是这种有专业背景，有理论依据，关键还有"成功案例"的人。小阳子的母亲所坚持的观点，在很多人包括很多的教育工作者的心里都有着根深蒂固的赞同。那么，这种说法到底对不对？我们的孩子到底是不是一张白纸？

　　其实早在两千多年前，开私人教学之风的孔圣人就提出过一个概念叫作"因材施教"。就是说要根据每个学生"材"的不同，选择不同的教育方式。为什么要因材施教？就是因为我们每个人的特质都是各不相同的。如果真的是一张白纸的话，那就不会有所谓的"材"的不同了，自然也就不会有因材施教的说法了。但是，孔子虽然提出了因材施教的概念，却没能对"材"进行深入、系统的阐述。所幸我们的教育工作者一直都在不断完善、丰富着这一教育理念。现代教育界所倡导的个性化教育和天赋教育，就是这一理念的进一步深入和延伸。个性化教育和天赋教育的基础就是承认人生来就带有独特的成长密码。我们的教育，包括家庭教育在内，最重要的任务就是发现并合理引导，让孩子成长为自己本来就该有的样子。

　　我们的孩子到底是不是一张白纸呢？哈佛大学实验心理学博士、麻省理工学院认知神经学中心掌门人、被《前景》杂志评为"最伟大思想家"的史蒂芬·平克早已做出了明确的回应。他在著作《白板》当中说："孩子并不是一张白纸，孩子出生就有自己的天性，他们天生携带着自己的倾向。……那种认为父母可以像捏泥块一样塑造自己孩子的观点，给儿童抚养方法带来了很大的问题，其中的一些方法明显违背了儿童的天性，甚至有些显得极为残酷。当一些母亲试图在她生活的方方面面中做出权衡时，这种观点会限制她们的选择，而且父母会因孩子没有按照自己期望的方式发展而更加烦恼。"

所以，当我们看到或听到小阳子的故事的时候，真的应该为他感到庆幸。虽然小阳子是不快乐的，但是这真的已经是我能预想到的最好的情况了。起码他没有因为一些反抗而让父母抓狂，没有因此而让自己失控，更没有因为极端的对抗行为而酿成悲剧。这些让人觉得很遗憾的事情并不少见，而每一个令人惋惜的故事背后都有想要随意拿捏孩子的家长。

所以，当我们再次面临孩子到底是不是一张可以让我们随意涂写的白纸这个问题的时候，我想要跟家长朋友们说的是，千万不要再有这样的想法。相较于白纸，我更希望家长把孩子想象成一粒种子，它自身就携带着独特的成长密码。它在什么样的土壤中更容易发芽？在什么样的环境下可以更加茁壮地成长？对温度和湿度有什么样的要求？是喜阳还是喜阴？这些问题其实早就有了答案，我们家长要做的就是要找到这些答案，给这粒种子营造一个适合它生长的环境，然后静观其茁壮成长。

需要补充的一点是，孩子的教育与和谐的亲子关系当中，又确实需要一张白纸。不过，这张白纸不应该是孩子，而是家长。为什么我们会那么容易相信孩子是一张白纸的说法？因为潜意识当中，我们当家长的很乐意去这么做。我们先入为主地给孩子设定一个成长模式，这样我们的家庭教育就变得简单方便多了，我们就可以理直气壮地按照我们所认为的那样，对孩子进行规划、改变和塑造了。如果结果不能如愿，我们还可以找出各种理由来把责任"甩"给孩子。

现在请记住：我们的孩子是一粒等待成长的种子，绝不是一张可以让我们随意涂抹的白纸。和谐高效的亲子关系需要家长放下拿捏孩子的执念，甘愿做一张白纸。尊重孩子本身所具备的独特的成长基因，辅助他成为更好的自己。

第二节　九个维度读懂孩子的成长密码

"孩子不是一张白纸，而是一粒携带自身成长基因的种子。"要想让自己的孩子做到"顺势成长"，这是必须要明白的第一条规则，也是我们接下来所做的所有事情的共同前提。不理解这一点，其他的任何事情都不要去奢望。但是，这仅仅是一个开始，这只不过是拥有了一种可能性。这种可能性到底能不能成为现实，接下来我们要做的事情还有很多。比如说，当家长意识到孩子是自带成长基因的种子之后，马上就会迎头撞上另外一个问题：我的孩子，他到底携带了什么样的成长基因？看不懂自己的孩子所携带的成长基因，前面关于孩子是白纸还是种子的讨论也就没有了存在的价值，后面怎么让孩子顺势成长也就没有了缘起。

所以，现在我们就不得不讨论一下怎么看懂孩子的成长基因，也就是我们顺势成长所说的"势"。这其实是一个不太好讨论的问题，这个不好讨论并不在于我们没有办法对孩子的"势"进行分类。事实上，关于孩子成长的"势"，关于因材施教的"材"，如果用眼前的教育学研究的话语来表达，就是孩子与生俱来的独特的气质。至于如何读懂不同的孩子身上独特的气质，纽约大学医院精神病学教授斯泰拉·切斯博士和亚历山大·托马斯博士早就为我们指出了解读的方向。他们的研究成果是我们读懂孩子成长密码的非常有效的工具，分享他们的研究成果也并不是什么困难的事情，这件事情真正困难的地方在于分享之后。举个例子，每当我把这个读懂孩子成长密码的权威工具分享给家长朋友时，都会面临一个非常尴尬的情况。很多家长会直接把孩子领到我跟前，说："老师，您看看我们家孩子是属于哪个类型的？我们应该为他提供什么样的亲子教育？"或者直接从手机里找出孩子的照片，把手机举到我眼前，说："老师，您看看我们家孩子，他适合什么样的教育方式？"有的家长干脆直接开启语言描述模式，说了一通之后就直接要答案："老师，能不能帮我们制定一套方案呢？"

每当这个时候，我都会有一种身份上的错觉。我不是医生，更不是神仙，我只是一名教育工作者，没办法仅凭这些简单的信息像医生一样开出个方子来。这显然是非常不现实的，但是这确实是大多数家长想要的。面对孩子，家长是最坚定无私的，同时也是最脆弱无助的。我们可以以无比坚定的决心付出任何代价，但是千万别让他们自己做主。他们从来不缺执行力，但是他们需要一套明确的可执行的方案，然后他们好把这套方案套在自己孩子身上，这恰恰就是最不切实际的地方。孩子的状态是繁杂多变的，甚至每一刻的状态都是不同的。但是因为我们太想要这么一套简单直接且高效的方案了，我们会不自觉地把孩子看成一个单纯且静态的标本，才会幻想别人能够代替我们快速给出一套方案来，说到底不过是因为对繁杂多变的本能回避，所以，我们要讨论怎么去读懂孩子的成长密码。在分享斯泰拉·切斯博士和亚历山大·托马斯博士为我们提供的研究孩子"气质"的方法之前，一定要先丢掉那些不切实际的幻想。我们不能期望从他们那里获得现成的答案，说到底他们提供的不过是了解孩子成长密码的角度和途径。而每一个孩子都是鲜活、复杂且充满变化的。

现在，我们就可以一起来了解斯泰拉·切斯博士和亚历山大·托马斯博士所提供的了解孩子成长密码的九个维度了。

早在1956年，斯泰拉·切斯和亚历山大·托马斯一起发起了一项开创性的研究——纽约纵向研究。这项一直持续到现在的研究，通过对孩子的气质进行系统性的调查研究，借以揭开不同的气质特征对孩子成长的重要影响，并通过《气质论》一书把研究的成果向全世界推广，现在已经被广泛接受。他们在《气质论》中说：气质是孩子与生俱来的，对内在或者外在刺激的反应模式，对孩子的成长有着决定性的影响。我们把孩子比作一粒种子，那气质就是这粒种子所携带的成长基因，也就是我们将要破解的顺势成长的"势"。而要想了解孩子独特的气质，他们提供了以下九个维度。

活动量 关于活动量我们不再做过多的解释，我们需要关注的是孩子在平时的表现。从孩子在襁褓当中的时候开始，活动量大小就有很大的不同。活动量较小的孩子通常更能获得家长的喜爱，因为他们可以安安静静地躺上几个小时。只要不是冷了、饿了或者是尿湿了的时候，通常都会表现得很安静。而活动量大的孩子就算是很舒适地躺着，也会小手乱抓，小腿乱蹬。

规律性　很多家长对于规律性的本能反应是，那些晚上哭闹、不睡觉的"夜哭郎"应该就是规律性差的孩子吧？其实"夜哭郎"反倒是规律性较强的孩子，只不过作息规律跟我们大人不太一样而已。而规律性指的就是孩子日常作息有没有相对固定的规律可循。

趋避性　孩子的趋避性我们可以理解为他们对新鲜事物的态度，是积极地接受还是本能地抗拒。比如一种新鲜口味的食物，比如陌生的环境或者陌生的人。

适应度　适应度看起来跟趋避性有些相似，但是它更加侧重于在面对不符合自己预期的状况时自我调整的速度。也就是说孩子需要多长的时间来适应不如意的人和事。

反应强度　为什么有的孩子给人的感觉永远都是温吞吞的？就是因为他们的反应强度低。而那些看起来总是一惊一乍的孩子，是因为他们的反应强度太高了。所以反应强度指的就是他们对情绪的反应是温和的还是强烈的。

情绪本质　有些孩子开心是不需要理由的，他们可以是所有人的开心果，阳光、友善是他们所展现出来的情绪底色。而有的孩子看起来总是那么忧郁且不那么容易接近，让他们开心对于家长来说真的是太难了，这是因为他们所具有的情绪本质是不同的。

坚持度 坚持度就是孩子在遇到困难、挫折或者是干扰的时候还能够继续维持原来的方向。现在家长都爱讲一个词叫作"逆商"，逆商的核心因素是什么？很多家长以为是意志，其实用坚持度当作答案，更为准确。

注意力分散度 家长通常会从注意力集中的角度来理解这个指标。有的孩子明明是在写作业，可他却一直都是"眼观六路，耳听八方"，周围任何一点小动静，他都得抬起头来看看。这主要是因为孩子的注意力分散度太高了。

反应阈 还记得头几年流行的"虎妈""狼爸"吗？现在改说法了，现在的家长把这种方式叫作"鸡娃"。这当中肯定有些家长是成功了的，不然也不会拿出来激励更多的家长。但是我见过更多"鸡娃"失败的案例。这当中力度和分寸的把握主要看的就是孩子的反应阈，老一辈的说法叫作"响鼓不用重槌"，这个"响鼓"指的就是反应阈低的孩子，他们对外界的压力刺激比较敏感。对这样敏感的孩子用"重槌"，敲漏的风险就太大了。

这就是我们分享的斯泰拉·切斯和亚历山大·托马斯两位博士为我们提供的认识孩子成长密码的九个维度。这对我们更好地理解孩子成长的"势"无疑会有很大的帮助，但这只是对方向的指引。禅学中有以手指月的故事，说诵经就像是指向明月的手，可恼的是很多人将经书烂熟于心，内心却不得清静。这就是典型的"见手不见月"。只有忘记经书，才能明心见性，才能"见月不见手"。我们做家长的了解孩子成长密码的九个维度也要有这个觉悟。专家的方法是好，但是并不负责直接解决问题。家长学习的意义在于借智慧而不是要方案，明白了这一层，我们探讨孩子成长的九个维度的价值才能得以体现。智慧和方案之间，需要的是家长的爱心、细心和耐心。

第三节　多角度观察，孩子跟你看到的不一样

了解完解开孩子成长密码的九个维度之后，家长最想做的一件事是什么？是不是恨不得回去之后就紧盯着孩子看，然后第一时间搞明白孩子到底是哪个类型的。其实，这是很多家长都会有的典型心态。每当跟他们沟通之后，看着他们眼中闪动的光和跃跃欲试的样子，都会忍不住多提醒他们：千万别带着强烈的目的性去观察孩子，否则你多半会得到自己想要的答案，但这个答案并不是客观的。

千万不要带着强烈的目的性去看孩子，那样你的眼睛会被心中的执念欺骗。在这种"选择性忽视"的状态下，我们只能看到自己想要的。有这种心态不能错怪家长，分类归纳是我们认知世界的最基本的一种思维方式。我们的大脑最讨厌的就是繁杂多变，面对这样的情况总是会显得无所适从，但是这个世界偏偏又是繁杂多变的，我们又不得不面对。要是利用分类的方法从杂乱中找出秩序、从差异中找出相同，一切就都变得简单多了。面对孩子，情况也是一样。

那么，现在问题来了。我们不能带着强烈的目的性，以免心中的执念影响了自己的判断，可是，如果不对孩子的情况进行基

本的分类，后面的一系列事情又都无从说起了。于是，到底要不要对孩子的情况进行分类呢？如果要进行必要分类，又该怎么做这件事呢？这是摆在很多教育工作者面前的一个难题。这个困局应该怎么破？我要分享给大家的是多视角观察法。所谓多角度观察法，就是既见森林，也要见树木。既要能从整个群体的角度进行整体性的观察，以便利用一些共性对孩子进行基本的定位，又要从孩子的个体视角，对孩子进行细致的观察，进而发现孩子独特且鲜明的个性。多视角观察法说起来不是很难，但是能够运用的家长却不是很多。交流的过程中我经常会要求家长们谈谈自己的孩子，竟然发现家长眼里的孩子很多都是概念化的或者是碎片化的。

"我们家孩子聪明乖巧，活泼伶俐，学习认真，团结同学……"

"那孩子是真的气人，干啥都不行，永远都在跟家长对着干……"

不管是让家长感到骄傲的孩子，还是让家长头疼的孩子，这样的描述从家长的嘴里说出来，永远是一副模糊不清的面貌。按照家长的描述，我们能找出很多这样的孩子。反过来说，要想把孩子从这些孩子当中准确地找出来，靠这样的描述是不太可能做到的。

要想通过描述让别人在一大群孩子当中一眼认出自己的孩子，那就得既见森林，又见树木。先通过基本的分类描绘出孩子的大体轮廓，然后再通过独有的特质进一步增加孩子的辨识度。我们先从气质的角度，说说孩子三种不同的气质类型。

乐观型的孩子

乐观型的孩子，就是让很多家长都津津乐道的"别人家的孩子"。从认识孩子的九个维度上来看，这个类型的孩子情绪本质偏向于正向乐观，所展现出来的是积极、乐观、愉悦和友善的状态，这些特质使得他们更好接触。不管是老师、家长还是同龄人，跟他们相处都能感觉到轻松和愉悦。除了正向的情绪本质之外，他们还有一个典型的特征就是规律性非常高。规律性高意味着什么？也就是他们做什么事都有迹可循，可期待性非常高。他们对新环境的适应性也比较强，对外界刺激的反应程度适中，面对不符合预期的环境变化，往往会主动接受，并积极寻求改变。

这样的孩子谁不喜欢呢？生活、学习，甚至是休息都非常有规律，到什么时候就做什么事。即使遇到不顺心和不如意的事，也不会反应过激。关键是跟这样的孩子沟通简直就是一种享受，他能很好地回应你，还能以正向的情绪来反向影响别人。这样的孩子不仅很省心，还很治愈。

乖顺型的孩子

这里我们需要区分两个概念：乖顺和乖巧。乖巧的孩子从情绪本质上来说更加偏向于正向，而乖顺的孩子在情绪本质上则明显具有负向的色彩。他们的乖，不是积极主动的正向回应，而是一种被动的接受。当然，这种被动对孩子而言完全是无意识的，并没有多少委曲求全的意思，只是生性如此的自然而然，更多地来自他们的情绪本质。这样的孩子看起来很少有开心的时候，也很少有不开心的时候。他们对外界的刺激反应迟钝，情绪的表达也很不明显。与此相关，他们对环境的适应性也不是很强，对于外界的变化以逃避和退缩为主，就算是要适应也需要更长的时间。他们的活动量也不大，做事也不太会坚持，很安静，不惹事，也不主动做事。

因为乖，因为对新事物的逃避，也因为情绪表达的不明显，这样的孩子虽然不会让家长觉得很头疼，但常常会被家长不自觉地忽视。就像在任何时候都不瘟不火、不声不响，丝毫没有存在感的透明人。

情绪化的孩子

坦白说，这个类型的孩子是最不受家长待见的，因为这样的孩子最不省心，他们不仅规律性低，活动量还很大，作为家长，我们很难判断他们接下来要做什么。从情绪本质上来说，这类孩子表现出来的是明显的负向特征。他们对外界的刺激反应过大，对外部环境的适应力很低，面对新鲜事物和环境的变化，他们多半只会用负向的情绪表达来代替自我的调整，而且这种情绪的表达往往还会显得过激。

这类孩子因为强烈的个性色彩和过激的情绪表达，很难跟周围的人建立起亲密的沟通关系。同时也会因为过大的活动量和很低的规律性让家长非常头疼，经常会忍不住想要批评和纠正，但是他们过激的情绪表达又会让家长觉得越管越糟。

从孩子气质的类型上来说，这三种类型的孩子是最常见的。但是，就像我们前文说过的那样，每一个孩子都是独一无二的，不要妄想用这三种类型来框住孩子。如果把自己的孩子跟这三种类型的特征进行比照，想要来一个对号入座的话，那么你很快就会发现，好像哪种都不合适。这就是现实，我们没办法把活生生的孩子硬生生地塞进这些分类当中去。于是在这三种类型之外，研究者又给出了第四种类型：混合型气质或者叫作其他型气质。为什么？就是因为用那上面的三种类型来跟自己的孩子进行对比，总有些家长会觉得哪种都不合适。于是，研究者就把所有不符合以上三种类型特征的孩子全部纳入混合型气质当中。

了解了气质的几种基本类型，便于我们从大方向上对孩子的情况进行定位。这就是我所强调的"要见森林"的整体视角。但是不管用哪种类型来对照，总有一些孩子身上的特点没有体现出来。那么，按照解读孩子气质的九个维度，再把那些没有被归纳进来的特点一一列出作为补充，这就是我所强调的"也要见树木"。只有做到了既见森林又见树木，才能在不丢失细节的基础上对孩子进行准确定位。

分类的方法是一定要有的，不然我们无法将某个孩子放到整个群体中去比对；个体细节的差异更是要有的，否则我们就没办法把某个孩子从整个群体中剥离出来。所以，我们应该怎么看待孩子？既见森林，又见树木，这是经过无数家长亲测有效的方法。只有这样，我们才能不再犯削足适履的错误，不再因为概念而将孩子概念化。现在，我们就可以用这个方法为孩子画像了。

第四节　超越二元思维，每个孩子都是最好的

我们说家长一定要学会对孩子进行多角度的观察，初衷在于让家长更加客观地认识每一个孩子的真实状况，准确地把握孩子的成长密码，而后才能更加科学地顺应成长密码，真正做到让孩子顺势成长。不过，从家长们的反馈情况来看，看到和做到之间的距离之大远远超出我们的想象。家长对孩子的成长密码看得越来越清晰的时候，并没有像我们所预期的那样变得越来越欣喜，反而变得越来越焦虑了。尤其是那些自认为自己家孩子属于乖顺型的情绪化的家长，垂头丧气的、焦虑不安的、怨天尤人的，什么样子的都有，那些积极准备改变的家长却显得少之又少。

"我们家孩子竟然是属于情绪化的，越看越觉得不对劲儿。我看了这种类型的特征，就没有一个省心的地方。为什么别人家的孩子都是乐观型，我们家的孩子偏偏就是最不省心的？在起跑线上就被别人拉开了这么大的距离，这以后可怎么办呢？"

"我一直认为拥有一个乖巧听话的孩子是我的幸运，结果看清楚了才明白他的乖竟然只是因为懒得反对。他以后该怎么面对'内卷'越来越严重的社会？唉，真的是一点信心都没有了。"

那么，家有乐观型的孩子，家长的状态是不是就能好一些呢？

从现实的情况来看，真的未必如此。虽然不至于像其他家长那样焦虑和失落，但是那种无所适从的无力感也让他们在欣慰之中难免忐忑。这跟一个刚刚学画的人，面对价值不菲的画纸时的忐忑是一样的，害怕哪一笔下去，就辜负了这么好的纸张。

这种情况的出现确实不在我的预设之中，普遍程度也让我有些始料不及。刚开始我在想，家长们接下来要做的事情就是首先要解决掉自己的情绪焦虑，后来随着沟通的不断深入，我越来越觉得这其实并不是情绪的问题。我也曾跟很多家长说："你需要控制自己的情绪，要知道我们看明白成长密码并不是为了加深对孩子的成见或者给孩子贴上一个什么标签。这实际上是被情绪绑架了注意力。"

类似的话我跟很多家长说过很多遍，但是越说越觉得这件事不太对。当这些问题出现的时候，这种负面情绪并不是谁说不要就能不要的，就算是你在问题出现之前就提醒他们，也未必会有多大的作用。有句话叫作关心则乱，以孩子在父母心目中的地位而言，几句轻飘飘的提醒又能起到什么样的作用呢？我们能够控制很多事情，但是能够控制自己情绪的人并不多。在这件事上，一味地要求父母要控制情绪显然并不是一个很高明的做法。后来经过不断地思索，我发现其实这根本就不是情绪的问题，最起码不单纯是情绪的问题。现在我请大家记住一句话：很多时候我们所认为的情绪问题，其本质上十有八九是认知的问题。看不懂、看不透、理解偏差，这些认知都会导致各种的负面情绪，焦虑、失落、无力甚至是绝望。

那么，在这件事上我们又该怎么从认知的角度来突破困境呢？我们应该做到关于孩子认知上的两个纠偏：放弃对孩子的不合时宜的假想；多点灰度思维看孩子。

我们先说关于孩子的假想，这个话题我经常跟朋友们一起探讨。我经常会问："我们是从什么时候开始拥有一个孩子的？"

这个问题会让很多人困惑，最本能也是最普遍的答案是："当然是从孩子出生的时候开始的呀。"

这么回答当然是没有问题的，但是要我说，我们在这之前就拥有了自己的孩子。这时候，对方往往就会给出第二个答案："那就应该是从怀孕的那一刻开始的，那时候一个新生命就已经开始了。"

虽然这个答案比之前的答案在时间上要早一些，但是我依然认为我们拥有一个孩子的时间比这还要早一些。其实我也不太确定我们拥有一个孩子的准确时间，我想说的是当我们准备要一个孩子的时候，或者说我们有什么难以完成的梦想准备要让孩子来承担的时候，再或者说我们开始为一个孩子着想不想让他经历什么困难的时候，从那个时候开始我们就已经开始拥有一个属于自己的孩子了。如果想要表达得更加具体一些的话，我们不妨看看下面的这几句话：

"这小孩真可爱，我要有一个这样的孩子就好了。"

"我这辈子是没有什么希望成为音乐家了，将来我一定要把我的孩子培养成一名优秀的音乐家。"

"干这一行简直就是一种折磨，如果我有一个孩子的话，我一定不会让他干这一行了。"

当你开始说出类似的话，或者是有类似的念头在心里出现的时候，你就已经开始产生关于孩子的假想了。你会为这个孩子的命运、前途和生活着想，你会把自己生命中很多注定无法完成的体验强加在他的身上。当然这一切发生的时候，可能我们本人并没有意识到。但是无论如何，从这一刻开始我们就已经开始了关于孩子的假想，或者说我们已经拥有了一个假想当中的孩子。糟糕的是，我们关于孩子的种种假想，我们下意识地强加在假想孩子身上的一切，总有一天会全部映射在我们的孩子身上，影响着我们对于孩子的认知和我们对孩子所做的一切。

开篇我就说过，在亲子教育当中，我们需要有一方像是一张白纸，而孩子是种子而不是白纸，所以家长一定要拥有这种白纸心态。所以，我们说关于孩子的假想或者是假想当中的孩子。其实真正想要说的是，千万不要让我们的孩子去承受假想中的孩子所承受的一些，也不要让我们关于孩子的那些不合时宜的假想左右我们面对活生生的孩子时的态度和判断。这是我能想到的作为家长怎么才能保有白纸心态的途径，而且经过现实印证，这是一个有效的途径。当然，我并不是说要拒绝关于孩子的假想，而是说关于孩子的假想永远要让位于现实中那个鲜活的生命。如果，你假想的情况跟现实中孩子的情况刚好契合的话，那真的是再好不过的事情了。如果不是，那就请放弃不合适的假想，尊重孩子，让他顺势成长。

　　我们再来说说关于孩子的灰度认知。为什么面对孩子的时候一定要有灰度认知？因为很多家长总是习惯用二元对立思维来看待世界和孩子，已经形成了一种根深蒂固的习惯。什么是二元对立思维？它是哲学思维当中的一种，它将事物设立成相互对立、割裂、斗争的两个方面。它们彼此不能互换、不能决定、不能派生，完全独立。最简单的表述就是"非此即彼，非彼即此"。用这样的思维来看世界，这个世界中除了黑的就是白的，而且黑和白彼此割裂、对立。用这样的思维来看待人，这个世界上就只有好人和坏人。坏人不会做好事，好人也不会犯错，而且好人和坏人永远不会转换。

　　那么，真实的世界到底是什么样的？实际上，这个世界并不是只有黑和白，还有很多介于黑和白之间的灰，它们才是这个世界的主体。社会上也不只有好人和坏人，更多的是不好也不坏或者是既好又坏的人。现在，关于灰度思维的表述应该是越来越清晰了。灰度思维的灰并不是在黑和白之外的第三种颜色，而是黑和白的辩证统一，能够同时看到黑和白的存在，并承认它们之间的联系，能洞悉彼此转化的必要条件。

　　我们再来说回孩子。当我们对孩子的气质进行简单分类之后，为什么有那么多的家长会被负面情绪困扰？根本原因就是我们用二元对立的思维来看待孩子和孩子的气质当中所蕴藏的成长密码。二元对立能看到什么？只能看到好的和坏的。所以一看到情绪化的孩子，就会本能地给他们贴上"坏"的标签，并且认定他们不可改变或者是很难被改变。一旦得出这样的结论，汹涌的负面情绪可不是谁安慰几句或者提醒一下就能完全消除的。就算是乐观型的孩子的家长，他们在乐观型的特征中虽然看到了很多很好的成长基因，但是他们依旧会感到无所适从，因为他们完全找不到发力点，生怕自己一个不小心就会"坏"了孩子的一生。

如果我们用灰度思维来看待这件事呢？我们将不再只是看到好和坏，我们看到的是更多的可能性。就算是那些听起来不算太好的成长基因，我们也能看到其好的一面，并确信它们能够改变。那么，这时候还需要情绪的调整吗？完全没有这个必要。事实就是这样，只要认知调整了，情绪的问题就解决了。

现在我们明白了，客观看待孩子的成长密码之后，最大的麻烦是接踵而来的负面情绪。不过，只要我们能从认知上稍作调整，放弃关于孩子的那些不合时宜的假想，学会用灰度思维看待孩子的成长密码，情绪的问题也就迎刃而解了。

第五节　发现关系，那些气质不合的亲子

　　和谐的亲子关系是每个孩子都需要的，也是每个家长都渴望的，但并不是每个家庭都能做到的。于是，亲子关系不和谐的人，就免不了要向亲子关系和谐的人去请教。本来想着向人家取取经，学学经验，能够改善一下自己的亲子关系，可是，很多时候这种请教的效果并不明显。之所以会这样，不是请教的人不够真心，也不是被请教的人不够诚心，而是因为他们的处境本质上就有着很大的不同，直接套用别人的方法，往往没有效果。有的家庭中和谐的亲子关系像是天生的，孩子跟家长天生就很合拍，他们根本不用怎么刻意去适应对方。而有些家庭亲子关系的不和谐也像是天生的，无论家长和孩子如何努力，彼此之间就是很难适应。

　　正是因为常常有这样的情况出现，所以很多父母会忍不住埋怨说孩子就是来惩罚自己的，别人家是生了个孩子，自己家却是生了个冤家。难道真的有天生的冤家吗？并没有亲子是天生的冤家，但是却有亲子气质不合的说法。亲子天生气质不合是导致很多亲子关系矛盾的一项重要因素。美国亲子教育专家罗娜·雷纳在她的《不吼不叫：如何平静地让孩子与父母合作》一书中就说，知道不吼不

叫是一回事，做到不吼不叫却是另外一回事。很多家长可能已经意识到自己对待孩子的方式不对，但不是那么容易改变的，而不容易改变的原因就是不了解为什么会对孩子大吼大叫。亲子关系的矛盾是很多因素共同作用的结果，这当中有些是家庭现实生活状态的原因，也有沟通技巧上的原因，但是这些都是表象或者是技术层面的原因，只了解这些是解决不了问题的。

罗娜·雷纳说她在年轻的时候，也经常会对孩子大吼大叫。那时候她读到了一本非常畅销的育儿书，还按照书里教的方法做了尝试。可是很多看起来很好的方法，用起来却没有多大作用。然后她就开始研究这里面的深层次原因，这个过程中她从经典育儿书籍《你的孩子是独立的个体》里面看到了这样的观点：气质是一个人的做事风格，它不是指你做了什么事，也不是指做事的动机，而是指做事的方式。家长和孩子的不同气质，会一直影响着孩子的日常生活。

罗娜·雷纳结合自己在做产科护士时对不同新生儿的观察，也发现孩子从出生开始就具备了独特的气质，而且一个人的气质很难被改变。所以，如果家长跟孩子的气质相合，他们做事的方式就会高度一致，对很多事情的看法也会一致，矛盾自然就会少一些。反之，亲子之间的矛盾就会多一些。生活中我们也会有类似的经验，最朴素的说法是孩子性格随谁。如果家里有几个孩子，哪个孩子跟家长的性格相像，这个孩子跟家长的关系就会好一些，他们相处起来就更加容易一些。所以，家长往往更加偏爱跟自己性格相像的孩子。而那些与家长行事风格不一样的孩子，则可能会被相对冷落。这里说的性格其实指的就是孩子先天的气质。

可是，就像罗娜·雷纳在书里说的那样，吼叫是多种原因共同作用的结果。虽然气质不合是导致亲子关系不融洽的深层次原因，但是仍然会有一些亲子矛盾是由家庭实际情况或者是沟通技巧不够所造成的。我们只有准确判断自己的问题所在，才能更好地去解决问题。怎么去判断自己的问题到底是因为生活细节还是沟通技巧，抑或是亲子气质不同的问题呢？有个不错的方法就是前文所讲的解读孩子气质的九个维度。这九个维度，我们可以用来解读孩子也可以用来解读自己，找到了这个深层次的原因，再用那些方法，效果就会好得多了。我们来看看家长与孩子气质不合的几种情况。

活动量大小的不一致

不管是活动量大的孩子遇上活动量小的家长，还是活动量小的孩子遇上活动量大的家长，他们相处起来都不太容易。如果是孩子的活动量太大，家长的活动量太小，家长就会觉得孩子太闹了，不是疯跑就是打闹，想让他安静地待一会儿那可是太难了。反过来，如果是活动量小的孩子遇上活动量大的家长，又会被家长说成缺乏活力，性子太慢，干啥都是慢吞吞的。

如果家长和孩子之间经常因此而产生矛盾，先要对孩子和家长的活动量大小做一下评估。如果孩子的活动量大，可以适当增加孩子的活动量，消耗过多的精力。反之，可以引导孩子进行体能消耗较小的互动。

规律性的差异

对于生活习惯有规律的父母来讲，维持良好的规律和秩序才会有安全感。他们几乎无法忍受一个没有规律的孩子，会本能地抱怨孩子总是把生活作息弄得一团糟，经常会因此发脾气，批评孩子。而规律性较低的父母遇上规律性较高的孩子，家长又会觉得孩子的生活过于僵化，没有弹性。而孩子也会因为父母的规律性低而觉得辛苦。

在这一点上，做父母的应该要充分考虑到低规律性和高规律性的缺点和优点。充分看到孩子在规律性上的优点，有助于疏解家长的不满情绪和对待孩子的态度，进而缓解亲子关系。

主动好奇和害羞退缩

主动外向的父母最容易指责孩子的害羞腼腆，他们在这一点上很难给予孩子足够的理解。尤其是面对主动性不强的男孩子，经常会说没个男子汉的样子，这样对孩子的自尊心和自信心都是很大的伤害。而主动性不够的家长面对好奇心重、主动外向的孩子又会觉得孩子太野，不够稳重。尤其是女孩子，经常会被说成假小子，甚至有的家长还会说女孩子家教不好。

反应强度的高低之争

反应强度的高低跟气质的其他特征倒有不同的地方。全家人的反应强度都很高的家庭，相对而言反而更加容易陷入争吵之中。开心的时候都会非常忘我，不开心的时候都比较容易情绪化。这种情况下的交流一不小心就会变成情绪的发泄，而且一方的情绪又会因为另一方的情绪而被点燃，情绪失控的可能就大了很多。所以，这种情况的家庭交流时反而应该小心谨慎一些。而反应强度高的家长遇上反应强度低的孩子时，家长过于强烈的反应又会让孩子更加不敢表达。而孩子的不敢表达反过来又会激起家长更强的反应。

坚持度的高与低

跟反应强度一样，同频并不一定是最好的状态。如果亲子双方的坚持度都很高，就很容易形成僵持不下的局面，谁想要改变谁都不太容易。如果是这种情况，家长就要学会站在孩子的立场上考虑问题，看到孩子坚持的合理性，然后用自己解决问题的方式来影响孩子。如果是父母坚持度比较低，孩子的坚持度比较高，父母就容易习惯性地妥协，通常孩子只要稍微坚持一下就能得到自己想要的。这时候家长需要将关注点从亲子关系上转移到孩子的性格养成上，要有意识地去坚持，以免过于容易的满足对孩子的成长造成不利影响。

分享了这几种常见的亲子气质不合的类型，我们再来说一下为什么行事风格的不同会成为引发亲子关系危机的深层原因。为什么看到孩子跟自己的行事风格不一样，就会那么生气，就会对孩子大吼大叫呢？在成年人的世界里，我们身边也有很多跟自己行事风格不一样的人，为什么面对他们时，我们就不太容易发脾气呢？一个根本性的原因就是家长会下意识地把孩子当成自己的附属品。在家长朴素的认知里，会觉得你是我的孩子，你就得听我的，就得跟我的做事节奏接轨。这是因为我们没能从根本上认识到气质的客观性和独特性。认识不到这一点还会形成一个误区：孩子跟自己不一样本来也不是什么大不了的事情，但是如果认定孩子是故意跟自己不一样，故意在跟自己对着干，这就是一件很让人生气的事情了。很多家长在吼叫孩子的时候经常说：

"你是不是要把我气死才开心？"

"你怎么能这么对我？"

"我早晚要被你气死！"

这些话的统一指向就是，你在故意跟我作对，你在跟我过不去。认定孩子在故意跟自己过不去，那怎么能不生气呢？这不过是没认识到气质的独特性和客观性，不肯承认孩子的气质和人格的独立性，把客观的规律误认为是孩子的主观故意。

所以，我们了解亲子气质的不合，首先要做到的就是对孩子独特气质特征的足够尊重，承认它的客观性和不容易被改变的现实。让客观的情况回归客观，放弃孩子不听话的执念，这是缓和亲子关系的最根本的改变。其次要确立的认知就是在亲子关系中"谁主导谁负责"的原则。因为家长具有较强的理性思维能力和情绪掌控能力。在了解亲子气质的情况之后，要能够拓展自己对人的看法，让

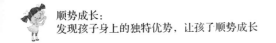
自己的想法更多元，更有弹性，这样才能欣赏孩子的特质和优点。才能积极主动地改变自己跟孩子相处的方式方法，而不是被动地接受一个跟自己一样的孩子或者强行让孩子变得跟自己一样。如此，我们对孩子气质特征的解读便又更深入了一层。

第二章

亲子的边界，你的孩子并不是你的孩子

第一节　我妈的世界里，我的房间没有门

"我妈的世界里，我的房间没有门。"这是一位妈妈向我转述的，据说是来自她那个正在读初中一年级的儿子的"金句"。这句很深刻也很形象的吐槽引起了我的注意。特意去查了一下，应该是出自某位相声演员的一场表演。这位年轻的相声演员在自己的作品里艺术化地完成了对"妈妈"这个群体的吐槽。他说：

"在我妈的世界里，我的屋没有门。"

"在我妈的世界里，我妈醒了，全世界人全醒了。"

并且还非常笃定地说：

"我相信，不只是我一个人有这种感觉。"

出于职业的敏感，看到这段作品的时候，我特意翻看了下面的留言区。发现很多留言竟然跟这个金句一样出彩，甚至还有过之。感觉像是找到知音的年轻人纷纷写下类似的留言：

"同一个世界，同一个妈。"

"妈妈们都一样。"

"人间真实啊。"

从这个梗的传播热度上来看，"我的房间没有门"这句话真的很得广大青少年的心。同时也暴露了一个现实：我们的很多父母真

的是太缺乏边界感了。

"孩子怎么会这么想呢？能不能找出几个生活中的细节来支持他的这个说法？"

不难想象，能够想到用这个欢乐的梗来吐槽妈妈的小男孩应该还是比较容易沟通的，这个家庭的亲子关系也应该是比较融洽的。我这么问是想通过一些生活中的细节来了解一下，这当中的问题究竟到了什么样的程度。也许是因为他们平时的关系还算融洽，这位妈妈讲述细节的整个过程中都显得很兴奋，但是她讲到的几个细节却让我怎么也高兴不起来。

"这小崽子平时就那么贫，不过他这么一说好像真是没有门呢。但是话又说回来了，家里又没有别人，他一个小孩子要门干什么？

"反正我是不允许他关门的，他在屋里写作业，我得保证他没有偷懒。晚上睡觉也不需要关门呀，一个半大小子关门干什么呀？门关起来，我怎么知道他有没有睡觉呢？

"也不光是他那个房间，要是按照他的说法，我们浴室也是没有门的。难道我还会偷看他呀？他爸爸更不会。但是我不能让他单独待在里面，这个年龄的孩子，你不知道他会搞什么鬼。

"所以，我觉得他说他的房间没有门还是很形象的。但是如果要我说的话，不是他的房间没有门，而是他的房间根本不需要关门。"

"不是他的房间没有门，而是他的房间根本不需要关门。"说这句话的时候，这位妈妈的语调依然是漫不经心的轻快。很显然，她并不觉得这样有什么不妥的地方，虽然她也提到过孩子的抗议和反对，但是这些抗争在妈妈的眼里，不过是小孩子的撒娇而已，没什么大不了的。更可怕的是，这样的家长并不在少数，就像那段下面的留言一样——同一个世界，同一个妈。曾经有个读大一的男孩子，跟我说他的苦恼。他说妈妈经常会在他洗澡的时候若无其事地打开浴室的门，这让他感觉非常无奈，好几次他冲着妈妈喊："妈，你太过分了！"

可是这又怎么样呢？面对儿子的怒吼，妈妈依旧是平淡加嫌弃："过分啥？我是你妈。"

可能会比较尴尬，但是这就是现实。很多孩子都在吐槽自己的房间没有门，家长们也都表示认同。问题是在家长们看来，孩子的房间根本就不应该有门，所以也没准备允许他们的房间有门。其实根本的原因就在于边界感，所有的孩子都特别渴望拥有，但是很多家长都不把它当个事儿。家长边界感的缺失对孩子造成的困扰绝不只是门的问题，还体现在生活的方方面面。相信很多的家长都听说过这样一句话："有一种冷叫奶奶觉得你冷。"

只要是奶奶觉得冷，那你就得冷，就得多穿很多衣服。至于你到底是不是真的冷，根本就不重要。而且随着科技的不断进步，缺乏边界感的父母对孩子的侵犯也变得科技感十足。有不少年轻的家长已经在家里装上了摄像头，以便能够随时随地掌握孩子的情况。更让人觉得尴尬的是，这些并不是个别现象，而且越是关注孩子成长的家长，对孩子的侵犯就越严重。

那么，我们讲顺势成长为什么要说父母的边界感呢？那是因为虽然我们分享了读懂孩子成长密码的途径和方法。但是要想客观地读懂孩子的成长密码，得有一个能够让孩子充分展示自己的环境才行。可是我们又怎么能够指望那些缺乏边界感的家长能够给孩子提供这样一个环境呢？生活在这样的父母身边的孩子是很难获得独立和自主的，甚至还会因为父母没有边界的爱护而受到伤害。美国婚姻和家庭治疗学家卡瑞尔·麦克布莱德博士在《母爱的羁绊》一书中，把无边界的爱对孩子的伤害阐述得淋漓尽致。她在书中说："爱来自父母，令人悲哀的是，伤害也往往来自父母。"而来自父母的爱之所以会变成伤害，一个很重要的原因就是缺少边界。作家邦达列夫也曾说："人类一切痛苦的根源，都源于缺乏边界感。"

由此可知，缺少边界感的父母给孩子带来的痛苦和伤害到底有多严重。而且这种痛苦和伤害，孩子们根本就无力反抗。就像我们在前文的案例当中看到的那样，面对孩子反抗的怒吼，妈妈只要轻飘飘地说出一句"那有什么？我是你妈"，便可以让孩子哑口无言。如果家长再说出"还不都是为了你好""还不都是因为爱你"这样的话来，那孩子就更显得苍白无力了。

对于这样的情况，心理学家武志红老师也不由得感慨："很多中国式的家庭常常是共生式的关系，边界感模糊，我中有你，你中有我，陷入死循环。"

孩子既不得自由，又无力反抗。所有缺少边界感的父母都在

"我是爱你的，所以请你按照我喜欢的方式做事"的思想下大行其道。这样我们还谈什么让孩子顺势成长呢？不管是什么样的成长基因，到最后都得屈从于父母的这份糊涂的爱。最后只能是按照父母的意愿成长，而不是顺应自己的成长基因。

既然我们要谈孩子的顺势成长，家长就必须要有足够清晰的边界感。就像周国平先生说的那样："可以亲密，但要有间。"而这个"有间"便是边界感给孩子带来的足够展现自我的成长空间。那么，就让这一切从关上孩子房间的那扇门开始吧。当所有的房间都有了门，孩子便有了自我成长的空间，顺势成长也便有了可能。

第二节　你的孩子，其实不是你的孩子

"边界感缺失的家长谈孩子的顺势成长不过是在自欺欺人。"这是我经常跟身边的朋友说的一句话。每当我说出这句话的时候，立即就会遭到反问："可是，边界感又是从哪里来的呢？"

没错，边界感从哪里来？这就是我们迫切需要解决的另一个问题。可是，边界感不是说有就能有的。我看过很多讲边界感的文章，也听过很多讲边界感的课程，都在讲边界感多么重要，边界感缺失的后果有多么严重，但是能够讲明白边界感从哪里来的却少之又少。所以，在相当长的一段时间内，我一直思索这个问题。后来，我在纪伯伦的《先知》里面读到了一首诗。这首诗被节选出来的时候有了一个新标题《你的孩子，其实不是你的孩子》。"你的孩子，其实不是你的孩子"，简直是神来之笔，当我读到这一句的时候，心中豁然开朗。我的答案，找到了。现在，我把纪伯伦的这些文字分享给大家。

你的孩子，其实不是你的孩子

你的孩子，其实不是你的孩子，

他们是生命对于自身渴望而诞生的孩子。

他们通过你来到这世界，却非因你而来，

他们在你身边，却并不属于你。

你可以给予他们的是你的爱，却不是你的想法，

因为他们自己有自己的思想。

你可以庇护的是他们的身体，却不是他们的灵魂，

因为他们的灵魂属于明天，属于你做梦也无法达到的明天。

你可以拼尽全力，变得像他们一样，

却不要让他们变得和你一样，

因为生命不会后退，也不在过去停留。

你是弓，儿女是从你那里射出的箭。

弓箭手望着未来之路上的箭靶，

他用尽力气将你拉开，使他的箭射得又快又远。

怀着快乐的心情，在弓箭手的手里弯曲吧，

因为他爱一路飞翔的箭，也爱无比稳定的弓。

我强烈建议所有的家长都来读一读这些文字，最好是反复地读，直到能够深深地体会它所传递的为人父母之道，它完全值得我们这么做。

"你的孩子，其实不是你的孩子。"这句话我深表赞同，只不过比起纪伯伦的诗句来，我的表述显然逊色很多。同样的观点，我通常会问一个问题来切入，这个问题在我日常沟通中会经常出现，

我的问题是："你把孩子当什么？"

答案虽然在表述上有所不同，但是核心意思非常一致。"我把孩子当心头肉，我把孩子当成天使，我把孩子当成我的全部。"几乎所有的答案都在强调一个重点"我的"，都在强调孩子的归属权。下意识地强调孩子的归属权意味着什么？意味着我们的很多家长都在下意识地物化孩子。当他们说"你是我的孩子"的时候，到底有没有真正把他当成一个独立的人来看待？也许会有些家长固执地说："我当然把孩子当成人了，难道还会把孩子当成个物品？"

那么，我们不妨回忆一下生活当中的某些场景。当你对孩子说出"你是我的孩子"或者"我是你的爸爸""我是你的妈妈"这类话的时候，接下来你会说出什么样的话、做出什么样的事来呢？这些话和事对一个有自主思想和独立人格的人来说，是合适的吗？所以，不管是否承认，当家长在强调"你是我的孩子"的时候，往往只是把孩子当成了自己的私有物或者是附属物而已。而我们的边界感只有在面对有自主思想和独立人格的"人"的时候，才会出现。

很多家长的认知当中并不是没有边界感这个概念，他们当中不乏社会的精英和各个领域的佼佼者。他们在处理自己的社交关系时多半都能游刃有余，跟他人相处时也有清晰的边界感。所谓的边界感缺失只有在面对自己孩子的时候才会呈现出来。为什么？就像前文提到的那位妈妈说的那样：不是他的房间没有门，而是他的房间根本不需要关门。

现在我们应该明白了，父母边界感的缺失，不是"不能"，而是"不愿"，或者是因为"没有意识到"。这个"没有意识到"其实就是没有"你的孩子，其实不是你的孩子"这样的觉悟。我的孩子不是我的孩子还能是谁的孩子？这是家长在读到这句话时的本能反应。纪伯伦的诗中其实已经给出了答案："他们是生命对于自身渴望而诞生的孩子，他们通过你来到这世界，却非因你而来，他们在你身边，却并不属于你。你可以给予他们的是你的爱，却不是你的想法，因为他们自己有自己的思想。你可以庇护的是他们的身体，却不是他们的灵魂，因为他们的灵魂属于明天，属于你做梦也无法达到的明天。"这些文字不仅把"你的孩子，其实不是你的孩子"阐述得清晰明了，还指出了开明的父母该有的亲子相处之道。如果需要把纪伯伦的这句话再补上后半句，以使其更加直白的话，这句完整的话大抵是这样的：你的孩子，其实不是你的孩子，而是具有自主思想和独立人格的人。

家长在亲子关系当中的边界感便是从这里来的，由此而来的边界感才是真正的边界感。不是宠溺，不是迁就，也不是妥协，而是建立在平等基础之上的对独立完整人格的尊重，哪怕这个独立完整的人格还处于萌芽状态。

孩子顺势成长需要父母的边界感营造的自由环境，而要想让父母找到缺失的边界感就得弄明白边界感从何而来。说到底，边界感的缺失并不是一个技术层面的问题，根源还是在家长对于孩子的认知上。对于边界感来说，这其实就是一个道与术的关系。有没有边界感，能不能获得边界感，这是"术"；边界感从哪里来，怎么才能让家长有边界感的意识，这才是"道"。有道是"有道无术，术尚可求；有术无道，止于术"，一旦家长有了边界感的意识，怎么做的问题也就自然而然地解决了。只有不把孩子仅仅当成自己的孩子，才有可能让他成为一个独立的个体。让每一个孩子都能成为一个完整、独立的个体，这也是顺势成长的终极目的。

其实说到底就是一句话：你的孩子不是你的孩子，他并不是家长的附属品，也不属于任何人。孩子，永远只可能属于他自己。读懂了这句话，家长的边界感是可以由心而生的。这才是亲子关系中最科学的距离。

第三节　要敢于站在孩子身后半步远的地方

有一个细节不知道大家有没有注意到，那就是家长带孩子一起出门的时候，他们的队形是什么样的？可能是出于职业习惯，只要有亲子关系存在的场合，我都会下意识地给予他们更多的关注，条件允许的时候，还会主动过去跟他们聊几句，这样时间长了就发现，原来这些细节当中隐藏着非常重要的信息。我们先来说说几种最常见的亲子出游队形。

众星拱月型　在这样的队形里，孩子的排场是非常足的。通常是爸爸负责在前面引路，身上背着吃的喝的，妈妈跟在后面守护，怀里还抱着供孩子替换的衣服。如果孩子再小一点，通常会被爸爸抱在怀里，妈妈则在一旁打着伞。当然，组成这种队形的成员有时候会不一样，除了爸爸妈妈，还可能是爷爷奶奶或者外公外婆，但是，在这种队形里有三种角色是必不可少的，保镖、保姆和核心人物。孩子绝对是雷打不动的核心人物，至于保镖和保姆，成员和位置变化性很大。最神奇的是，有时候明明只有一个家长也能身兼数职，在孩子的身前身后来回打转，在保镖和保姆的角色之间轻松自由地切换。

固执前行的引路人　在这种队形里，家长永远走在孩子的前面，孩子规规矩矩地跟在后面。走在前面的家长像极了孩子成长路上的引路人，一边走一边不停地念叨：

"这边有个坑哎，要小心哦。"

"不要走那边，别被那个树枝刮到了。"

家长不仅要为孩子探路，还要不断地告诉孩子应该往哪里看，哪里有什么好玩的。走在前面的家长会认真地做着认为应该做的一切，很少会回过头来跟孩子交谈。甚至在告诉孩子哪里有好看的风景时也只是背对着孩子，用手一指，自顾自地说着："快看、快看，那边真漂亮呀！"

在这种队形下，家长往往不用回头看，也不指望孩子会有什么回应。实际上，跟在后面的孩子也真的很少会有回应，他只是跟在大人后面，家长让怎么走就怎么走，家长让看哪里就看哪里，他们的任务就是听话照做。

站在孩子身后半步 这是一种很有意思的队形，只要不是在特别危险的道路上行走，都是让孩子走在最前面，家长则安安静静地跟在孩子的身后，只是在必要的时候对孩子做出一些提醒。这种队形中，最需要关注的是家长在孩子身后的距离，这个距离通常是由孩子的年龄决定的。小一点的孩子通常需要保持半步的距离，这是往前一个身位张开双手就能为孩子提供必要保护的位置；大一些的孩子，只要保持一个不用大声叫嚷就能方便沟通的距离即可，这样不管是孩子还是家长想要说点什么，都能及时沟通，同时也为孩子提供了足够的自由空间。这种队形下的孩子都会比较活跃，很多时候他们都是跑着或者跳着前进的，并且会经常回过头来跟父母说话，这时候那段方便沟通的距离就显得很有必要了。

除了上面的三种常见亲子队形之外，还有一种队形现在变得越来越普遍，我将这种队形称为站在孩子之外。在这种队形中，家长总是走着走着就忘记自己是带着孩子出来的，经常会下意识地把注意力放在别的地方，比如手机，而忽略了孩子。我见过不少这样的家长，一开始是跟孩子一起走的，可是专注看手机的他们经常一不小心就跟孩子"分道扬镳"了，不得不大声呼喊才能找到彼此，这样的场面说起来多少有些尴尬，但是现实中这样的情况越来越多了。比起怎么才能让孩子顺势成长，这类家长更应该学学如何增加自己的责任心。

对于上面最常见的三种亲子队形，我通过与当事人深入的交流，得出了一个结论：不管是哪种队形，都是亲子相处模式的一个缩影，平时家长和孩子的状态和亲子队形的状态高度一致。能够走出众星拱月队形的家庭，孩子平时在家里也是什么都不用管，除了吃饭、睡觉、学习需要自己动手之外，别的事情全部由他人为他做好。而在第二种亲子队形中的孩子，平时在家要做的事情就会多很多。但是，在这种家庭环境中成长的孩子往往主动性较差，需要他人的安排才能去做事情，哪怕是玩耍的时间，如果没人告诉他要去哪里玩，要玩些什么，他可能什么都玩不了，会在纠结中发呆。只有第三种队形中的孩子，他们在家里拥有自主选择的权利，而家长通常只是在需要的时候给予指点。

我们为什么要讨论亲子队形的问题呢？讨论这个问题其实是要说明在孩子的成长过程中，家长应该如何站位。是把孩子围在中间，充当孩子的保姆兼保镖，还是固执地走在孩子前面，充当孩子的领路人，或者，默默地站在孩子的身后，把成长的主动权交到孩子的手里？

如果只是这样一个简单的问答题，相信很多人都能轻而易举地作出正确的选择，但我希望大家先忘掉问题的对错，以亲子队形的场景为例，找出更多类似的场景，并以此作为基础，找到自己在亲子队形中的位置。注意，现在我们要做的是心平气和地审视当下自己正在做的，因为从根本上来说，这既不是一道选择题，也不是一道判断题，而是一道实践题。

相较纠结于问题的对错和答案，我们更需要考虑的是，产生当下结果的原因，以及下一步应该怎么做。至于原因，相信不同的家长都会有不同的答案，这个答案留给自己反思就好。现在我们重点讨论一下三种亲子队形的优缺点。

众星拱月队形好不好？如果是单纯的是非题，答案几乎都不用选，但是放到现实当中，这确实是很多家长所能作出的最佳选择。在教育竞争激烈的今天，似乎也只有这样才能保证孩子拥有比同龄人更多的学习时间。但是当我们作出这种选择的时候往往会忽略一件事，那就是成长不只是考个好成绩那么简单。至于那些固执地走在孩子前面的家长，同样也为孩子操碎了心，而且他们似乎更懂得成长不只是成绩好的道理。但是，他们更加关注自己领路人的角色，认为尽可能替孩子扫平成长道路上的障碍就万事大吉了，这样的家长表面上看很符合传统意义上对于好父母的定义。反倒是那些敢于让孩子走在前面，主动站在孩子身后的家长，他们承受的指责要比其他家长更多一些。

综上所述，家长的角色站位其实是家长对边界感的具体运用。前文说过，要想让孩子顺势成长，做家长的一定要有边界感。是让孩子在家长的包围下成长，还是跟在自己身后亦步亦趋地前行，或者是主动站到孩子身后，让孩子自己把握方向，相信到这里我们的心里已经有了答案。因为只有不被包围，孩子才能拥有自己的空间；只有不挡在前面，孩子才能自己看清前面的路；只有站在孩子身后，才能把成长还给孩子，让他满怀信心地走自己的路，并在必要的时候予以纠偏。可是，就像我们刚刚说过的那样，前面的两种选择都有一定的现实原因，站在孩子身后需要承受的反而更多。边界感要想落到实处，需要的不只是智慧，还得有敢于承担的勇气。

第四节　你怎么向别人介绍自己的孩子

某天刚吃过晚饭，有位年轻的妈妈在微信上向我吐槽，她对下午的那场聚会依然耿耿于怀。那天下午她参加了一场年轻妈妈的聚会，年轻的妈妈聚在一起，自然少不了聊起孩子。谁家的宝宝淘气，谁家的宝宝听话，谁家的宝宝又闯祸了……我的这个朋友只是静静地听着，她的孩子一向表现不错，但是她却很少主动谈起这些事。她对比孩子这种事并不热衷，等大家互相"晒"过一拨儿娃之后，场面渐渐变得冷清了下来。

这时，有人主动问起了她："你们家宝宝最近学习咋样？"

"张欣锐学习倒是还算稳定，就是最近课外活动积极性没之前那么高了，回头我得跟他聊聊。"

"张欣锐是谁？"问话的人看起来有些发蒙，愣神了好一会儿才反应过来，讪讪地说，"你可真有意思，你儿子就是你儿子呗，还张欣锐。你们平时在家也这么连名带姓地叫他吗？"

我的这个朋友被对方问得也是有些语塞，愣了一会儿才说："对呀，我们一直都是这么叫孩子的呀？"这时旁边有人说："就是，就是，她跟我们都不一样，她在哪儿都是那么叫孩子的。还不止这样呢，你忘了吗，她跟别人介绍孩子的时候也跟咱们不一样呢。"

"你这么一说，我倒是想起来了。我们都说是我们家儿子，我们家闺女。人家每次介绍都说，这是张欣锐。"人群中又有人不断地附和着。然后除了我的这位朋友之外的年轻妈妈们又重新找到了共同话题，刚刚有点冷清的现场又变得热闹起来。而我的这个朋友俨然就成了她们共同吐槽的对象。她们有的说我们家小崽子就没那么金贵，他爸经常直接叫他小崽子；有的说我们家也差不多，我们家女儿就叫闺女；还有的说哪有那么麻烦呢，我们家不管男孩女孩，统一都叫宝宝，大的叫大宝，小的叫二宝……这一圈发言下来，连名带姓称呼自己孩子的人成了这群人里的绝对少数派。朋友们话里话外的潜台词让她感觉非常不自然，虽然不想争执，但在心里憋了一口气。更让她疑惑的是，难道真的是自己做错了吗？

其实并不是，她的这种做法我是非常赞同的。我跟她说，在这件事情上根本就不用介意自己成为少数派。她们之所以能够在瞬间统一说辞，更深层次的原因是她们都在做着同样的事情，这属于典型的立场决定观点，跟事情的对错没有绝对的因果联系。我们平时交往比较多，这里面还有一些细节她是不用说出来的。她这么做完全是自己的一种习惯，她不光是对待自己家孩子这样，还会用心记住朋友家孩子的名字。当别人都在说"你们家孩子""你们家儿子""你们家女儿"的时候，当别人说"来宝宝，阿姨抱抱"的时候，她经常会准确地叫出孩子的名字。

如果有人带着孩子去她家里玩，她会像招待大人一样招待孩子，也尽量不用"宝宝""宝贝儿"之类的昵称来称呼孩子，都是直接叫孩子的名字。同样，她带孩子出门的时候，也希望孩子能够得到一样的对待。也许是受了她的影响，当有人叫"孩子""小伙子"之类的时候，她的儿子会很认真地告诉对方："我叫张欣锐。"

从专业的角度来看，我对她的这个习惯非常支持，但是这并不符合我们传统的社交习惯，我们传统的社交习惯讲究的是所属关系，是没有清晰的边界意识的。

社会上有一句话叫作：前三十年用老的称呼小的，后三十年用小的称呼老的。于是，我们经常看到这样的情形，一些大人聚在一起指着某个孩子说："这孩子聪明，这是某某家的孩子。"或者指着另外一个孩子说："这孩子整天没个正形，他爸爸是某某，他妈妈是某某。"遇到有知根知底的甚至能准确说出孩子的爷爷奶奶、外公外婆，甚至是舅舅舅妈的相关情况，但是说到最后，也多半记不得孩子的名字。他们可能知道他是谁的孩子，谁的孙子，甚至是谁的外甥，但是唯独就是不知道他是谁。

还有一种情况是一群年轻人指着不远处喝茶或者散步的某位老人说："你看，你看，这就是某某的父亲。"或者说："这就是某某的母亲。"如果老人不是当地知名人物，多半聊完了也不知道老人到底叫什么名字。

再有一种情况就是一群同龄人指着某个不是很起眼的人对身边

的人说："这位呢，是某某的哥哥。"这就跟前文说的"是某人的父母"道理是一样的。

所以，在我们的社交文化当中，你是谁其实并不太重要。重要的是你跟那个能力和名望更大的人有什么关系，这本质上就是一种附属的文化。再想想我们在日常生活中遇到类似的情况时我们又是怎么做的？比如说，你看到某个特别可爱的孩子时，第一句想问的是"这孩子是谁呀？他叫什么名字呀？"还是"这是谁家的孩子呀？他爸爸妈妈是谁呀？"这个答案在我们每个人的心里。

现在，让我们再说回孩子，谈谈亲子关系当中的边界感。孩子需要在边界感营造的独立空间里顺势成长，绽放自己的天性。然而，正如亲子关系是双向的，边界感也是双向的，除了具有边界感的父母，还需要具有边界感的孩子。孩子的成长密码中往往隐藏着边界感的基因，但是这种基因并不是一出生就能够显现的，尤其是孩子在婴幼儿时期，所有的生存保障全都来自家长，这就很容易对周围的一切产生很强的依赖性，如果家长没有有意识地培养，孩子与生俱来的边界感会被这种依赖性压制，影响孩子相当长的时间。有的孩子确实会在慢慢长大的过程中渐渐理解哪些是自己的权利和责任，哪些是别人享有或承担的，但是并不是所有的孩子都这么幸运，家长更不能把孩子的边界感交给运气。

培养孩子的边界感，确实有很多技巧和细节。你得让孩子知道权利和责任边界在哪里。你得让孩子清楚哪些事情是自己可以做主的，在什么样的范围内自己拥有选择权和决策权。比如：选择自己喜欢的衣服，决定自己卧室的装修风格。你得让孩子知道哪些事情又是自己必须要去做的。比如：收拾好自己的书包，学会自己穿衣服，要按时完成作业。

你得让孩子知道哪些事情是他不能做的，做错了怎么去承担责任。比如：玩游戏耽误写作业了，他要怎么去承担这个后果；不小心弄坏了一个东西，他需要承担什么样的后果；要是故意损坏了什么东西，他又该承担什么样的后果。

他得知道哪些事情是必须要拒绝的，这一点格外重要。边界感不清的话，可能会养出"巨婴"或"熊孩子"。但是如果他连什么事情是必须要拒绝的都不清楚的话，很有可能是会吃大亏的。比如家长一定要告诉自己的孩子，身体上的哪些部位是别人不能触碰的，哪些部位是不能被别人看到的。当然，这只是最基本的，需要拒绝的事情还有很多。

要培养孩子的边界感，首先得让他知道自己是一个独立的人，具有独立的人格，然后再在这个基础上加强对亲密关系的认知。有了这个基础，就算家长的边界感不是很强，孩子也能通过"我的房间没有门"这样的形式来提醒家长。否则，即使家长有较强的边界感，有些举动也会被孩子视为冷漠、无情甚至是抛弃，从而给孩子造成不必要的伤害。

上文中我们提到的那个年轻妈妈的做法，就是在不断唤起孩子对自我的认知。虽然她在传统社交文化的背景下，经常会被当成少数派，但是无论如何这都是非常值得的。所以，我也一再跟她强调，虽然有些时候有些人和事会让她感到不舒适，但是她的这种做法绝对是正确的，一定要坚持下去。

第五节　开放和沟通，在收放之间寻求平衡

不管是在成人社交还是在亲子关系当中，边界感都不是一个陌生的概念，但是能将其运用得恰到好处的人并不多，能在亲子关系中把边界感用得恰到好处的人更是少之又少。其中原因比较复杂，究其根源，一方面是因为亲情社会的关系特性对独立和距离在基本属性上的抵触，另一方面还因为边界感的运用是双向性的，任何一方做不到位便无法取得预期的效果。这不仅要求家长要有清晰的边界意识，还得培养孩子的边界意识。这些问题我们前文都已经讨论过，现在我们要讨论的是我们在亲子关系中践行边界感时另外一个至关重要的元素，这也是边界感运用中必不可少的一个环节。

我们先来说说边界感践行中让家长们头疼不已的问题吧。这个过程当中，最让家长们头疼的问题就是力道和尺度实在不好把握，用力过小的话，黏黏糊糊的起不到什么作用；用力过大了，边界过于坚固又会造成冷漠和封闭。这当中的尺度很难把握，这种状态也很难去描述，我们能看到的只是那些让我们遗憾又无奈的失败案例，以及由此产生的新问题。

有位苦恼的妈妈发邮件来寻求帮助，她说她并不是一个没有边界感的人，只是跟很多妈妈一样，她觉得跟自己的孩子之间没必要

有边界感。在她的世界里，孩子的房间是不需要一扇能够随时关上的门的。后来，闺女慢慢长大，很多问题也渐渐浮现出来。她说闺女小的时候，社会上流行一种观点：穷养儿子富养女。所以不管是物质上还是精神上，她和丈夫都尽可能地做到极致，把女儿当小公主一样养着。按说孩子到三岁以后就应该考虑分房睡了，他们也确实给孩子布置了房间，但结果是母女两个把爸爸给分了出去。

后来，孩子上了小学，同龄孩子会做的很多事自己家女儿都不会做。

还有两件事情让她觉得不安，一直到小学，女儿都不允许妈妈去爸爸屋里睡觉。但是女儿跟爸爸的关系却很亲密，经常让爸爸帮忙换衣服什么的。虽然家里的老人都说给自己的亲闺女换衣服没啥问题，但是她知道不能再这样下去了。这时候她和丈夫才开始意识到亲子关系当中边界感的重要性，然后就开始一起努力改变这种状态。因为自知对女儿边界感的培养比别的孩子晚，免不了下意识地就把力气用得比较大。让他们没想到的是，这样一段时间以后，女儿变得非常敏感，她的房间轻易是进不去的，即使是爸妈在外面敲门，也不一定会得到允许。有很多时候，只要女儿不乐意，就会理直气壮地主张自己的权利。之前女儿很乐于分享，但是后来心里形成了一个强烈的"我"的概念。这个就是我的，就不跟你分享。他们要开口说女儿，女儿就气冲冲地说：请给我一点空间，我是一个独立的人。

我心想，这不就是做公司管理的人经常说的"一管就死，一放就乱"吗？很多事情，告诉你重要性了，也告诉你方法了，甚至连步骤也告诉你了，但是当你开始去做，就会发现往往是一看就会，一做就错。难在哪里？难就难在分寸和力道的把握上，也就是我们经常说的分寸感。比如说菜谱，那些精致的菜谱中，材料、用量、方法、步骤都写得清楚明白，甚至还配上了精美的图片。但是我们又见过几位靠看菜谱就能够成为大厨的人呢？恐怕一个也没有。

那么边界感这件事，怎么试错？怎么纠偏？怎么逃出这个"一管就死，一放就乱"的怪圈？这个过程需要一个什么样的途径，又需要怎样的一种能力？这跟厨师做菜的试错还不一样，菜合不合适，入口即知，但是边界感不是这样，这个状态是比较难感知的，想要特别形象地描述这个状态也不容易，直到有一天，我在跟一个小男孩聊天的时候听到了一个词"结界"，当时我就觉得融合了边界感的亲子关系当中，双方的状态特别像是人在结界当中的状态。那么，什么是结界？据说结界是我国神话传说中的一种阵法，比较通俗的解释是，结界是以特殊的力量（比如阵法）将两个地方进行分隔的行为。一旦结界形成，就可以形成一个防护罩，阻挡外来的干扰和攻击。如果要让这个解释更加形象一些，我们可以把结界想象成一个巨大的泡泡，每个人的泡泡都是独立的，可以帮我们抵御外在的干扰和侵袭。只不过我们用结界的概念来类比边界感的时候，这个泡泡是透明的，看不见也摸不着。想象一下置身其中的人的状态，就是在一个独立的、透明的泡泡中，既能抵御干扰和侵袭又能保证彼此能看得见对方。这样的状态到底能不能称得上好？取决于你的这个泡泡到底是封闭的、开放的，还是有限开放的？

如果是封闭的，那后果是什么样的？就是大家明明处于同一个空间当中，彼此都能看见对方。但是因为这中间存在透明、封闭的结界，大家彼此隔绝成为最熟悉的陌生人。专业点的说法就是边界感太强，与他人的关系会显得过于疏远。过于僵硬的边界，会使我们处于"精神禁闭"之中，变得冷漠、固执，听不进别人的意见。尤其是在亲子关系当中，一旦失去了该有的温度，就会造成灾难性的后果，这显然不是我们想要的。如果是完全开放的呢，那就既不能保证结界空间的独立，也不能有效抵御外界的干扰和侵袭，所谓结界也就形同虚设了。所以，可调整的有限开放才是我们想要的理想状态，而这个可调控的有限开放状态就需要掌握一个调控密码，这个密码便是人格沟通的能力。什么是人格沟通？就是以对彼此独立人格的尊重作为基础的情绪和规则沟通。这里面有三个核心的要素，一个是人格，一个是情绪，一个是规则。

我们首先要说尊重孩子，怎么尊重？尊重孩子的什么？是不是孩子的一切我们都要尊重？这显然是不可能的，我们真正要尊重的是孩子的独立人格，完整独立的人格是必须要尊重的，没有讨价还价的空间。

然后说沟通，沟通什么？对人格的尊重是不能沟通的，对错的规则也是没必要沟通的。沟通的主题是情绪和内心的感受，沟通的目标是坦诚相待。在尊重和沟通中寻求情感体验上的一致性，拉近彼此的距离，让感情升温，让关系变得融洽。

最后再说坚持，坚持的是什么？答案是规则，双方共同制定的或者约定俗成的规则。这是需要坚守的部分，也是边界能够帮助我们避免外界干扰和侵袭的直接作用点。

现在我们再来梳理一下，人格沟通法是我们拥有可调整、有限开放边界的一把钥匙，对独立人格的尊重是边界存在的必要基础，情绪和心理的沟通是情感温度和边界柔性的必要保证，而对于规则的确认和坚持则是边界帮助我们抵御干扰和侵袭的直接作用点。这个沟通法有点像我们经常用到的另外一个沟通工具：三明治批评法。三明治批评法要求批评之前要先表示肯定或者感谢，然后才是建议或者批评，最后还不能忘记给予鼓励和希望。这样才能在最大程度维护对方积极性的基础上对错误的做法给予纠正。

我们所说的人格沟通也可以理解为另一种三明治沟通法，先表示足够的尊重，再进行情绪的充分沟通，最后确认和坚守规则。如此，我们便有望在边界感的加持下打造这样一种亲子关系：尊重而不放纵，关怀而不干涉，坚挺而不僵硬。这样的亲子关系是所有的家长都在寻求的，而这个破解之法也是我对上文那个苦恼的妈妈所作的回复，希望她能如愿以偿，也希望她的孩子能顺势成长。

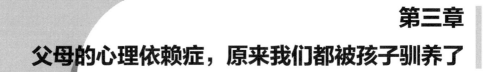

第三章
父母的心理依赖症，原来我们都被孩子驯养了

第一节　反驯化，那些离开孩子就活不了的父母

关于孩子的顺势成长，我们已经讨论过了两个话题。首先要能看懂孩子成长的基因密码，然后还得用边界感给孩子一个绽放自我的独立空间。现在我们来讨论第三个话题——父母的心理戒断。

什么是父母的心理戒断？就是指父母在亲子关系中的"心理断奶"。很多人都听过心理断奶的说法，但是在大部分人的认知当中，心理断奶都是孩子的事。育儿专家认为孩子一般需要经历两次心理断奶，第一次主要是指脱离对父母的情感和心理依赖；第二次就比较全面，是包括生活、经济、情感的全面断奶，实现独立的生活。没有经过两次心理断奶的人，不管年龄有多大，在精神上都只能算是个孩子。我们经常说的那种二十岁、三十岁甚至是四十岁的巨婴，其实就是没能经历完整的心理断奶过程的人。这样的人，就算已经实现了经济上的独立，就算已经成家，甚至已为人父母，但是依然不能算是一个完整的人。心理断奶是孩子必须要经历的成长过程，这一点现在已经算是一种共识了。那么，父母的心里戒断是怎么回事，难道父母也需要经过心理断奶吗？还是说心理戒断指的就是那些在成长过程中没有完成心理断奶的家长？我们一起来看看下面的几个场景。

第一个场景是初次送孩子去幼儿园时在门口离别的场景。通常是在离幼儿园门口几百米的地方，很多家长脸上的离愁都已经浓得化不开了。有的家长眼圈已经慢慢变红，他们一边红着眼圈一边低声嘱咐着孩子。本就对家长的情绪比较敏感的孩子很快就接收到了信号，在走进大门的那一刻便开始哭闹。在一群孩子中间，哭声有着强大的感染力，很快，那些原本已经拉着老师的手往里走的孩子也开始哭闹。一时间，大门内外哭相各不相同，门内的孩子号啕大哭，门外的家长无声地擦眼泪。当孩子们开始跟着老师一起玩耍之后，还有几个家长守在门口不肯离开，眼角亮晶晶地等着孩子放学。

　　第二个场景往往发生在八月底，刚升入高中的孩子开始军训的时候。孩子们在操场上排着整齐的队列站成一片，天气很热，太阳底下一张张稚气未脱的脸上不断有汗珠滚落，没人喊苦喊累。倒是操场旁的栏杆外，好多手机在不停地晃动。很快，孩子在太阳下站军姿的视频通过各大短视频平台传播开来。同时出现在视频中的，除了孩子们汗湿的身影，还有栏杆外、马路边上长长的车队和脸上挂着泪珠的家长。孩子的辛苦，家长的悲伤，加上视频素材库匹配的悲壮背景音乐，更有精于此道的家长还配上了煽情的文案和感人的旁白。再平常不过的军训硬是被家长们玩出了苦情戏般的悲情，但是也不难发现很多家长的悲伤真的是发自内心的。

　　现在我们思考一个问题，孩子和父母分开，谁更伤心？按常理说应该是孩子更难过吧，孩子毕竟就是孩子嘛，离开了大人不是应该更难过吗？可是，无数事实表明，这种情况下，更难过、更放不下的反而是家长。刚刚进入幼儿园的孩子，哭闹的不少，但是一会儿工夫就跟别的小朋友玩在一起了。高中的孩子更是如此，军训时全部的注意力都在教官身上，哪还有多余的精力琢磨这些事？倒是那些习惯了有孩子陪伴的家长们，孩子不在跟前的时候就抓心挠肝的。为什么会这样？我们再看看下面的这些对话。

　　小王子说："'驯化'是什么意思？"

　　"就是常常被遗忘的事情，"狐狸说，"他的意思是'创造关系'。"

　　"创造关系？"

　　"是呀，"狐狸说，"对我来说，你无非是个孩子，和其他成千上万个孩子没有什么区别，我不需要你，你也不需要我。对你来说，我无非是只狐狸，和其他成千上万只狐狸没有什么不同。但如果你驯化了我，那我们就会彼此需要。你对我来说是独一无二的，我对你来说也是独一无二的……"

　　"我有点明白啦，"小王子说，"有一朵花……我相信它已经驯化了我……"

　　这是畅销全球的童话《小王子》当中的片段，这段小王子和狐狸之间的对话里反复提到一个词"驯化"。小狐狸对小王子解释说"驯化"其实就是创造关系。说建立了关系，彼此对对方来说就是独一无二的了，然后小王子说有一朵花已经驯化了他。我们也来谈谈"驯化"这个词，亲子关系当中固然是血缘关系排第一位。但是亲子间的朝夕相处未必就不是一种驯化，那么这个关系当中又是谁驯化了谁呢？在《小王子》当中，小狐狸主动开口让小王子驯化它。驯化的话题让小王子想到了那朵玫瑰花，它需要水，小王子就给它浇水；它说讨厌风，小王子就把它放在玻璃罩里；它假装咳嗽了几声，小王子马上就会觉得自责。按照小狐狸的说法，应该是小王子驯化了这朵玫瑰才是，就像小狐狸请小王子驯化它一样，可是小王子却说是那朵花驯化了他。虽然驯化的话是小狐狸说出来的，但是小王子的这句话才算是道出了驯化的真谛。

　　亲子关系也是如此，这段关系当中，到底是谁驯化了谁？并不是家长在驯化孩子，而是我们做家长的早就在不知不觉间被孩子驯化了。我们再说回前文那个问题，孩子和家长到底是谁离不开谁？当孩子独立成长时，谁更需要做心理断奶？说到这里，答案也就显而易见了。

　　如果我们要把问题看得更深一些，我们还得说说沉没成本的问题。为什么很多时候孩子明明已经长大，家长还是不肯退场，是因为爱吗？这个当然不可否认，但是沉没成本绝对是我们不曾想到过的深层次的原因。沉没成本原本是一个经济学的概念，但是它们对我们的决策和态度的影响绝不只是在经济方面。亲子关系中的沉没成本应该怎么去理解？最直白的一句话就是你以往的付出决定了你现在的态度和决策。为什么小王子驯化玫瑰花，最后被驯化的反而是他自己？沉没成本就是更深层次的原因。因为在这个创造关系的过程中，小王子的付出远远多于玫瑰花，而小王子付出得越多，他就越容易被驯化，这就是沉没成本的魔力。

最后，我们再来做一下梳理。要想让孩子独立成长，除了要有清晰的边界感以外，还得在情感上做好心理戒断。只有做家长的做好了心理戒断，才能从情感上真正放开孩子，既不过度教养，也不过度干涉。在孩子成长的过程当中，父母体面地退出无疑是对孩子最大的成全。

第二节 不找回自己的生活，就无法把生活还给孩子

因为工作的原因，让我有了更多跟家长们沟通的机会。跟家长们沟通得越多就越能感觉到，家长们有一个共同点：他们都是丢失了自我的人。不管是来咨询的家长，还是身边那些正在带孩子的朋友，跟他们在一起聊天的时候，你很难找到除了孩子之外的话题。就算是你有意要聊点别的，他们很快就能很自然地把话题再转到孩子身上。他们仿佛有一种特殊的能力，就是能把任何话题都跟自己家的孩子联系到一起。如果要是一群妈妈们聚在一起聊天，那场景就更不一样了。确切地说，那个场景很难说是聊天或者是沟通，或许称之为轮流发言才更妥帖。虽说坐在一起聊得很热闹，但是每个人开始说话的时候都要"另起一行"，另起一行之后跟前面的人能不能接上不一定，但一定是关于自己家孩子的。他们开口的句式通常是这样的：

"可不是嘛，我们家孩子……"

"我们家孩子也是一样的……"

"要说我们家孩子……"

开口闭口之间几乎全是孩子，但是如果仅仅是这样的话，还不能说这些家长就是丢失自我的人。要丢失了自我，那肯定是连自己

的生活也都没有了。我们不妨问一下自己：自从有了孩子以后，已经多久没有跟爱人单独出去游玩过了？我先说一些我所听到的关于这个问题的答案：

"这个……不太记得了。好像有很久了吧？实在是没什么印象。"

"估计得有两三年了，平时真的没什么时间出去。"

"有多长时间没单独出去了？真的不好回答，这些年我只记得次数，因为太少了，所以好记。"

……

类似的答案是我听的最多的。这些答案都在指向一个事实，那就是升级为家长后，大家真的很少再会创造机会单独出去过曾经的二人世界。就连这些家长所说的所谓为数不多的单独相处的机会，再细问几句就能发现，他们不过是必须一起出门办事而已，并不是真的去过自己的二人世界。不过这还不是全部的答案，还有一些更加常见的答案是这样的：

"谁还有那心思呀？一天到晚孩子的事儿都忙不完。"

"做父母不得有个做父母的样子吗？难道还能把孩子留家里自己跑出去玩儿？"

"还有这样的家长吗？光顾着自己玩儿，就不管孩子了吗？"

上文提到的这些可以看作是答案的两大类，第一类答案说明为人父母的家长真的很难拥有自己的生活，第二类答案说明在大众的认知当中做了家长还想要拥有自己的生活是非常不合适的行为，会被认为是不合格或不负责任。那么现在问题来了，我们为什么要问这个问题？现在请记住一句话："没有自己生活的家长，很难遏制住侵占孩子生活的冲动。因为没有充实感的人生犹如地狱。"

充实感是一种非常重要的精神需求，在谈论它对我们到底有多重要之前，我们不妨先聊聊跟它相对的空虚感到底有多可怕。空虚感可怕到可以让人崩溃到生无可恋。这听起来有些耸人听闻，实则一点都不夸张。忙碌的时候，我们总想着等啥时候什么事情都不用做就好了，可是真的有那么一天的话，那种无所事事的感觉是任何人都忍受不了的。还记得新冠肺炎疫情刚暴发的时候，那段待在家里的时光吗？刚开始的时候，也许有些人的内心还有点小窃喜，终于可以理直气壮地躺平了，什么都不用干。可以正大光明地玩游戏，可以心安理得地刷视频、追剧，可是，没过多久，事情就开始发生变化了。一周以后，有些人就对游戏和追剧没有了热情；两周以后，很多人都觉得待在家里太无聊了；三周以后，人群就出现了非常明显的两极分化，一些人开始学习，让自己悄悄地变得更有竞争力。另一些人开始在各大平台上疯狂地发泄着空虚带来的毁灭感，不断地喊着："要长毛了""要发霉了"。充实感就是这么重要，没有人能受得了长时间的无所事事。

那么，这么重要的充实感从哪里来？一是要有事情做，二是要做有价值的事。做到了这两点，生活就不缺乏充实感，哪怕是再忙、再累、再辛苦，生活总还能得以继续。

现在，我们再想想那些弄丢了自己的家长们。他们完全没有自己的生活，充实感从哪里来？答案是孩子。没有了属于自己的生活之后，孩子就成了他们充实感的唯一来源。一来，照顾孩子确实有很多事情要做。二来，在所有人的眼里为孩子做事是很有意义的。这完全能够满足充实感的两个需求。所以很多家长都会说：

"孩子就是我生活的全部，甚至是生命的全部。"

"为了孩子的成长，我愿意付出所有的时间和精力。"

他们是这么说的，也是这么做的。当他们说这些话的时候，心里装得满满都是对孩子的爱和由此产生的自豪感，觉得自己很伟大，起码是一个合格的家长。但是，如果他们把这样的生活过成了一种习惯，这无论是对孩子还是对自己都是一种伤害。

瑞典心理学家、人格心理学理论的创立者卡尔·古斯塔夫·荣格曾经说过："父母对孩子最不好的影响，莫过于让孩子觉得他们的父母没有好好过日子。"荣格的这句话就是对这种情况的最好诠释，没有自己的生活甚至完全弄丢自我的父母对孩子的影响，一方面是让孩子承受的压力越来越大，父母认为自己不计成本的付出应该能换得孩子的感恩，但是在孩子看来，这种付出和牺牲会给他们造成巨大的压力。另一方面就是出于对充实感的本能需求，父母没有了自己的生活就会本能地侵犯孩子的生活，这种受本能驱使的侵犯虽然毫无尺度可言却不自知。尤其是那些全职带孩子的妈妈，这种本能性的侵犯几乎是难以自控的。这一点我们不妨作个比较，工作养家的爸爸和辞职在家带孩子的妈妈，看看谁对孩子生活的干涉更多一些？大概率是全职带娃的一方，因为他们既有对充实感的本能需求，又完全丢失了自己的生活，孩子就成了他们充实感的唯一来源，无节制地侵犯也就成了唯一的选择。

　　所以，我们明确反对家长打着"一切为了孩子"的名义丢掉自己的生活，然后再理直气壮地干涉孩子的生活。哪怕是全职带孩子的家长，也要在孩子上学之后做点自己的事情。可以捡起自己的专业技能，也可以学习新的一技之长，再或者找回自己的爱好，力求重新找回丢弃的生活，这样才能在理智之外堵上本能的漏洞，真正做到把生活还给孩子。

第三节　掌控感，乖孩子为什么那么受欢迎

现在的育儿圈流行一个新概念，叫作"配角综合征"。这个"配角综合征"该怎么理解呢？顾名思义，从字面上不难看出这个"配角综合征"所指的应该是那些时时处处下意识地为别人充当配角的特征，稍微深一点的解释就是一个人长期处于被压迫、被控制的状态下，已经逐渐失去了自己生活的主动权，不论做什么都没有自信，习惯性地寻求他人帮助，依赖他人的状态。这样的孩子在生活中并不少见：在学校老师排座位的时候，总有一些孩子会主动要求靠边坐，只有坐在角落的位置他心里才舒服，如果老师把他安排在中间或者是靠前的位置，他便会如坐针毡。课堂上听讲的时候，明明是听懂了，一旦老师提问就变得支支吾吾什么也说不出来。生活中，这样的孩子最怕的就是自己做主，就连上学穿什么衣服也得家长说了算。

这样的状态显然是跟我们所强调的顺势成长相悖的。那么，孩子的"配角综合征"又是怎么形成的呢？哪些孩子容易表现出"配角综合征"呢？事实证明，乖孩子陷入这种情况的可能性是最大的。中国青年报社会调查中心曾在2016年做过一项社会调研，在接受调研的2000名受访者当中，具有"配角综合征"特征的人群比

例超过了48.4%。而在这些"配角综合征"的人群当中又有53.9%的人认为他们的这种状态其实就是"乖孩子后遗症"。为什么具有"配角综合征"的群体会这么庞大？为什么有那么多的人得"配角综合征"的原因是"乖孩子后遗症"？因为乖孩子对父母的诱惑力实在是太大了。我们的家长包括有些教育工作者在内，都在不遗余力地打造乖孩子。

家长对乖孩子的需求到底有多普遍？我们不妨想象一下日常生活中的这些场景，看看是不是已经到了人人都在参与的程度了。

当我们夸别人家孩子的时候，"真乖，真听话"是不是必选项之一？

当家长们准备离开家的时候，我们对孩子的叮嘱当中"在家要好好听话"是不是第一句说出口的？

当家长在外面跟孩子通话时，"在家乖不乖"是不是必问的问题？

当爷爷奶奶、姥姥姥爷等亲人跟孩子聊天的时候，是不是所有人都要问"有没有听妈妈的话"？

当我们仔细且客观地思考过上面这些问题的时候，就不难发现家长对于乖孩子的需求有多么普遍、多么迫切了。现在我们再来考虑两个问题："配角综合征"对孩子到底会有多大的影响？家长对乖孩子的需求到底有着什么样的深层次原因？

我们先来解读第一个问题。从孩子在成长中的表现来看，具有"配角综合征"的孩子缺乏独立判断和决策的能力，缺乏对生活的动力和热情，不能很好地发现和发挥自己的价值，不懂得自我满足，进而导致幸福感的缺失。这些光看起来就够让家长心疼的问题，其实还不是最严重的，更严重的问题平时都会隐藏在听话、乖巧的表象之下，几乎是察觉不到的，这些问题一旦暴露出来，可能就是灾难性的事故，真的会让人很难接受。

吴某某，那个曾经的某大学才子，那个妈妈和众人眼中听话又懂事的乖孩子。谁能够想到，这样一个优秀的年轻人会以那样惨烈的方式成为社会的热点。当年正在读大三的他离开学校回到老家，残忍地杀害了自己的母亲。分尸未果之后又用自己所学的知识将母亲的尸体处理成一具"木乃伊"。而这骇人听闻的一切，都发生在母子关系融洽的背景之下。根据邻居们的回忆，吴某某跟妈妈的关系一直都很好，直到事发前几天，母子两个在一起还有说有笑的。吴某某甚至还曾经在网上这样表达对妈妈的爱："我愿用20斤肉换母亲长寿……"但是就是这样一位听话、懂事又优秀的年轻人竟然做出了这样让人意想不到的事情。

为什么如此听话、如此优秀的孩子还能做出这样出人意料的事情？因为得了"配角综合征"的孩子只是表面上失去了独立自主的能力，而不是根本上消磨了想要自己掌控人生的本能需求。这就会造成他们心理上的一个死结——需求还在但是能力却没有了，这种需求与能力之间的撕裂，平时在习惯于听话的人身上是不太能够体现出来的。而当这种矛盾的撕裂积累到极致的状态，爆发出来的就是毁灭性的力量。

现在来说第二个问题，为什么作为家长的我们面对听话的乖孩子时，会有这么大的热情？先来说说听话的孩子最让家长受用的两大好处：对于家长来说，有一个听话的孩子最大的好处就是省心。说什么就听什么，安排什么就做什么，不顶嘴也不招惹麻烦，一切都在自己的掌控之内。对于家长来说，听话的孩子第二个好处就是体面。家长们聚在一起，或者是几个孩子在一起玩。别的家长嗓子都喊哑了也控制不住局面，唯独自己家的孩子不让做什么就坚决不做。这样的孩子，难道不会让其他的家长羡慕吗？如果自己家的孩子"刚好"是一个自己怎么都拿捏不了的"熊孩子"，那么对乖孩子的渴望值会不会瞬间爆表？

不过，这些原因都是我们能看得见的，也都属于表象的原因。如果我们对乖孩子的需求都是基于以上两种原因的话，调整起来虽然有些难度，但是也不至于太难，所以，现在我们有必要再来探究一下家长更深层次的心理需求。为什么我一直想要探究家长的内心需求，因为我坚信一句话：最高明的教育不过是父母的觉醒。我们要讲的顺势成长也是如此，所谓的顺势成长不是说要让孩子怎么样，也不是怎么去塑造孩子，而是觉醒后的父母，站在孩子的身后，引导孩子的成长。而父母的觉醒又绝对离不开对其内心更深层次的探究。所以，在面对问题的时候，我们不再像以往那样指导家长应该怎么去要求孩子，而是把跟家长一起探究自我的内心作为发力点，为孩子铺就一条可以顺应自身特点独立成长的光明前路。所以，我们现在依然很有必要探究家长对"乖孩子"的深层次心理需求。

经过研究，这个深层次的心理需求便是掌控感。每个人都想拥有掌控感，做父母的当然也不例外。心理学理论认为，我们的精神压力来自不确定性和不可控制性，只要现实让我们觉得不确定和不可掌控，我们便会感受到极大的精力压力，继而产生恐慌、焦虑等负面情绪。所以，不管面对任何事情，我们都很讨厌失控，而且，事情的重要程度越高，我们对失控的讨厌程度就越深，要掌控的欲望就越强烈。我们不妨从现实生活中寻找这种切身的体会，做一个最简单的实验，走路对于我们来说是再简单不过的事情了，但是，如果是闭上眼睛呢？哪怕是在相对比较安全的环境里，闭上眼睛往前走，看看自己到底能走多远。哪怕并没有遇到任何障碍，还是会有很多人在强大的精神压力下停下前进的脚步。就是因为在闭上眼睛的时候，我们无法预知下一步迈出去以后会遇到什么，会发生什么样的情况。而在睁开眼睛的时候，我们会把前面的路看得清清楚楚，下一步会落在哪里，完全可以预见。在亲子教育这件事上，相对于一个经常让自己感到无力，永远不知道下一秒会做出什么事情的"熊孩子"，一个凡事都听话、能够按照我们的安排去做事、方便我们去设计和规划的乖孩子无疑能够给我们带来强烈的掌控感。

那么，这是掌控感的问题吗？并不是。掌控感作为人生幸福感的重要组成部分，从来都不是问题。家长对于乖孩子毫无节制的偏好问题不在于掌控感本身，而在于找错了获得掌控感的对象。现在我们需要明确一点，真正的掌控感只能是自己给的，我们要向内寻求，而万万不可向外寻求。就像我们在前文说的那样，家长对于掌控感的需求只能通过对自己生活的掌控来实现。想要通过孩子获得自己的掌控感，结果只能是适得其反。但是，掌控感确实是需要的，我们不仅要用合理的途径获得自己的掌控感，还要让孩子也拥有掌控感。这就需要把生活的掌控权交到孩子手里，拥有掌控权才能真正拥有掌控感。

最后，我们再来回顾一下。"配角综合征"对孩子的人生有着极大的负面影响，家长对乖孩子的狂热是孩子具有"配角综合征"的主要原因，而家长对于掌控感的错误理解又是偏爱乖孩子的内在诱因。所以，让孩子远离"配角综合征"，需要家长的觉醒，需要觉醒后的家长，把生活的掌控权交付到孩子手里，而后让孩子获得掌控感。而家长对掌控感的需求，则需要从回归自己的生活开始。

第四节　情绪觉醒，别以教育的名义宣泄情绪

有个被翻拍了很多遍的段子，相信家长们都不陌生。这个段子很简单，就是简单的一问一答。通常是画面里只有一个孩子，有一个画外音问孩子："请问，你为什么学习？"孩子则一本正经地回答："学习使我妈快乐，我妈快乐，全家快乐。"

我见过很多家长看过这类视频后的反应，绝大多数就只是一笑置之，就当这只是一个段子而已，跟其他惹人笑的段子没什么不同。当然也有一些家长，虽然笑得意味深长，但也只是一笑而过。但是，当我们在这里再次提起这个段子的时候，就再不能等闲视之了。我们为什么要再次提起这个段子？并不是为了讨论孩子为什么学习，而是那句"我妈快乐，全家快乐"。

妈妈是整个家庭氛围的主导者，这是很多家庭的真实写照。其实，这里所说的"妈妈"并不单指妈妈，而是掌握家里话语权的家长。而在家庭当中受他人影响最大的也就是最不具有话语权的孩子了。而且，家长在做这些事的时候，根本不会觉得有哪里不对，他是真的觉得自己是在教育孩子。那么，现在问题就来了，当你认为是在教育孩子的时候，到底是在教育孩子还是以教育孩子的名义宣泄自己的情绪？

之所以这么问，是因为很多时候家长认为是在教育孩子，其实不过是在宣泄自己的情绪。因为我们的很多父母都没学会怎么处理负面情绪，更没学会如何处理亲子间的情绪对抗。这种情况有多普遍？看看下面的这些场景：

一个刚上小学的小男孩在爸爸的辅导下写作业，写着写着突然卡壳了。不知道怎么写的男孩不是认真思考问题，而是第一时间看了看旁边的爸爸，语气恳切地安慰爸爸说："没事，没事，爸爸，我给你鼓掌……"

小孩子一边说着，一边开始为爸爸鼓掌。一旁正要发火的爸爸被孩子的举动给弄蒙了，竟然没有反应过来。

小孩子赶紧接着说："你别吼我了，宝贝会写，会写……"

小孩子一边安慰着爸爸，一边又开始鼓掌。好像是在夸爸爸，又好像是为自己鼓气，也可能是在告诉爸爸其实我是很棒的。

晚饭后，一对穿睡衣的父子坐在小书桌旁。小男孩趴在小台灯下写作业，爸爸坐在床边相陪。写着写着就遇到了障碍。这好像是孩子们的惯有思考方式，遇到问题之后先看看父母的情况。这个小男孩回头一看，刚刚还和颜悦色地坐在自己旁边的爸爸已经悄悄地把拖鞋抓在了手里。这让孩子忍不住心里一紧，赶忙对爸爸说："爸爸，你拿着'凶器'坐我旁边，我还能好好写作业吗？"

……

　　有位急诊科的医生发微信朋友圈说，有患者询问被爸爸咬伤需不需要打狂犬疫苗。说有位妈妈带着11岁的儿子来看急诊，孩子被爸爸咬伤了，原因是孩子晚上不好好写作业，着急上火的父亲没能控制住自己的情绪就跟儿子打起来了。陷入打斗模式的爸爸更是急火攻心，盛怒之下竟然一口咬在儿子的脸上。因为咬伤的位置离眼睛比较近，妈妈怕伤到孩子的眼睛，就带着儿子来看急诊，并询问医生用不用打狂犬疫苗。

　　这些场景还算是比较温和的，新闻中还能见到愤怒的家长狂拍桌子导致手腕骨折的，还有家长被气昏迷后送往医院的。比较诡异的是，这些明明是现实当中真实发生的事故，很多家长却能轻轻松松地当成故事看待，成为茶余饭后的无聊谈资。这时候，作为家长，我们应该认真考虑一下：当家长手腕骨折的时候，当家长昏迷被送往医院的时候，孩子的心理该是一种什么样的状况？

　　然后，自然就会明白我们一再追问"你到底是在教育孩子，还是在宣泄情绪"到底有多必要了吧？这个问题，我觉得所有的父母都有必要认真反思一下。站在孩子的立场上，拥有这样不能掌控自己的情绪的父母，到底是一种什么样的体验？遇到问题的时候，孩子首先要考虑的就是家长的反应，以及自己要面临什么样的风暴洗礼，至于怎么去解决问题，已经被迫排在最后了。所以，性格不怎么强势的孩子，遇到问题的时候总是竭尽全力劝慰父母，试图缓解紧张的关系。这才说出"你别吼我了，宝贝会写……"之类的话。而个性强势一些的孩子，也不乏当面硬杠的，这才有在打斗下被爸爸咬伤的孩子。也有直接开启互怼模式的，有个小女孩在妈妈情绪爆发的时候直接就怼回去了，边哭边说："你的孩子就是笨蛋，反正也是你生的。就你现在的态度，能教我学习吗？就你这个妈，我还能要吗？"真的是句句在理，最在理的就是那句"就你现在的态度，能教我学习吗"。如果不是在视频的提醒下，家长可能永远没办法意识到自己在情绪爆发时的状态，那种狰狞，除了破坏亲子关系和在孩子心里留下阴影之外，真的解决不了什么问题。最糟糕的是，父母正在通过这种最不堪的方式向孩子做出情绪管理的示范。所以，现在请所有的家长记住这句话："情绪只能唤起情绪，只有预案才有可能解决问题。"

在人际关系当中，最具感染力和传播力的就是情绪。在一群婴幼儿当中，只要有一个孩子开始哭闹，其他的孩子很快也会跟着一起哭闹，根本不需要什么理由。在一群人当中，只要有一个人肆无忌惮地表达某种情绪，其他人也会很快就被感染。所以，带节奏，煽动情绪一直都是掌握在少数人手里的操控密码。你若是表达积极的情绪，对方便会以积极的情绪相回应；你若是表达愤怒，对方也会以愤怒来回应。而且，在固定的沟通当中，这种情绪化的沟通还会变成情绪的增强器，每经过一个回合，情绪的强度便会增强几分，这种情况用在亲子关系上同样适用。所以，当家长用情绪代替沟通的时候，结果就可想而知了。

那么，如何才能知道我们到底是在教育孩子还是在宣泄情绪呢？我们说的是现在进行时而不是过去进行时，毕竟要让一个处于情绪化状态的人清楚地认识到这一点并不是一件容易的事情。在这方面我们通常都是后知后觉的，往往是等事情结束之后很久，情绪已经平复之后才会意识到自己的失态。可是，每次都在过后才意识到事情的严重性，对于改善亲子关系并没有什么太大的作用。能够在情绪即将失控的时候及时喊停，才是我们想要的结果。所以，虽然及时识别自己的情绪状态很难，但必须要做。现在，请记住下面的这几句话，一旦你情不自禁地说了出来，就一定要提醒自己小心了，你的情绪很可能即将失控，或者是已经失控了。

"你怎么这么笨呢？"

"我说过多少次了，你是想气死我吗？"

"我早晚会被你气死的！"

"我就没见过你这么笨的孩子。"

"你说我怎么就养了你这么个孩子？"

"你别叫我妈（爸），我不是你妈（爸）。"

"以后别说认识我，我跟你丢不起那人。"

"你看我能不能打死你！"

当类似这些话说出口的时候，说明亲子之间的沟通已经从问题转移到了人身上。作为家长，语言表达开始进入人身攻击和情感伤害模式时，就应该自我警醒，意识到情绪马上就要失控了，必须要及时按下暂停键。如果能在这些话尚未说出口之前就意识到这一点，那就再好不过了。在语言攻击之外，更要注意肢体动作的失控，先不说动手打孩子，或者做出威胁性的动作，就算是用力拍打桌子或者其他过于夸张的肢体动作也要及时警醒。意识到自己情绪失控后，一定要告诉自己："赶紧停下来，现在的状态解决不了任何问题，只能让事情变得更坏。现在最重要的事情就是让自己平静下来。"

不过，仅仅做到这一点还远远不够。强制性按下暂停键对家长是一个不小的考验。如果不能在较短的时间内化解情绪，那些强烈的负面情绪找不到宣泄的出口，只会导致更大的麻烦。所以，暂停之后化解情绪才是更重要的事情。可以试着问自己下面几个问题。

自己做这件事的初衷是什么？

如果任由自己的情绪爆发，接下来会发生什么样的事情？

这样的结果是自己想要的吗？

自己到底是因为什么生气？

你说的这些话，跟你要解决的问题是相关的吗？

如果是别人家的孩子被家长这样对待，你会为这样的家长点赞吗？

这些问题思考下来，我们的情绪基本上已经平复了一大半。也基本能弄明白，很多时候我们的情绪跟要解决的问题之间并不存在强因果关系，而解决问题才是我们的最终目标。沟通势必也是要重新开启的，但是，在重启沟通之前最好把下面的这几个问题在纸上写出来，并给出自己的答案。

再一次确认，需要解决的问题是什么？

再一次确认，上次是哪个点触发了自己的情绪？

再一次确认，避免情绪再次被点燃准备了什么方案？

这其实就等于是对上一次不太成功的沟通所做的复盘，而复盘则是大家公认的最快完成升级和迭代的神器。当然，我们讲父母的情绪觉醒，我们讲不要再用毫无意义的情绪宣泄来代替有效的沟通和教育，但我们并非因此就否认父母产生情绪的合理性，我们并没有说做家长的不管面对什么样的情况都不要生气。我们也并非要剥夺父母表达自己情绪的权利，我们只是说，父母的情绪需要在可控的范围内，通过有效的方式来表达。最起码要清晰地告诉孩子，具体是哪个地方让我有了什么样的情绪。总结起来，就是两个具体，事情要具体，情绪的描述要具体。幼儿心理科普作家黄杏贞在其代表作《心理咨询师妈妈的科学育儿法》当中说："养孩子是一场修行，修的是父母们的情绪智慧。"我们说父母的情绪觉醒，所觉知的就是这样的一种情绪智慧。

第五节　新父母，敢于跟孩子一起成长

在亲子领域，我们习惯用"新父母"来称呼那些觉醒了的父母。而新父母最大的觉醒则在于对"亲子成长"的觉醒。判断父母是不是合格的新父母，一个非常重要的标准就是谈谈他们对"跟孩子一起成长"这句话的理解和实践。

关于这个话题，我们经常听到的答案是这样的：

"就是陪着孩子一起成长，做他们成长路上的陪伴者。"

"就是要主动淡化所谓的家长的权威，给孩子一个宽容平等的成长环境。"

"就是要走进孩子的内心世界，做孩子的知心朋友。"

如果抛开这个问题的具体指向性，单就这个答案的内容而言。能够想到这些的父母，就已经不是靠家长的权威来对孩子实行管制的人了。如果这些想法真的能够落实在亲子教育的实践当中，这样的父母完全可以称得上是优秀的。但是，如果严格按照问题的指向性来要求的话，这样的理解可是当不得一个"新父母"的称呼的。那么，新父母对于这句话又是怎么理解的呢？我们先用一个教育领域的概念来作下类比。在教育领域里，很多优秀的教师都奉行一个原则叫作"教学相长"。我们来看看《礼记·学记》当中是怎么介

绍"教学相长"的：

虽有嘉肴，弗食，不知其旨也；虽有至道，弗学，不知其善也。是故，学然后知不足，教然后知困。知不足，然后能自反也；知困，然后自强也。故曰，教学相长也。

这段话翻译过来应该是这样的：

即使有再美味的食物，你不吃就永远不可能知道是什么滋味；即使有再好的道理，但是你不去学习，就无法体会它的玄妙。人只有学习之后才知道自己的欠缺，也只有在教人的过程当中才能知道自己哪里理解得不够透彻。知道自己不知道的地方，才能勉励自己奋发学习；了解自己理解上的偏差，才能将学问钻研得更深。所以说，教导和学习其实是相互促进的关系。

明白什么是教学相长了吗？关键之处不在于技术，而在于心态和姿态。如果一个教育工作者固执地坚持传道、授业、解惑的心态，数十年之后会变成什么样？他可能闭着眼睛就能背诵整本教材，也可能随意一抡胳膊就能在黑板上画一个标准的圆。但是也仅仅是卖油翁式的熟能生巧，这几十年的岁月只不过是把同样的知识温习了很多遍而已。而懂得教学相长的人，跟学生的每次互动都能有所获益。他们经常说的话就是：

"你这个考虑问题的角度真的很新颖，老师之前怎么就没想到呢？"

"你这个思路对老师也是一个很大的启发呢。"

这样的教学，不仅教的人每次都能有新的收获，对于学的人，更是一种莫大的鼓舞。我们可以想象一下，给自己传授知识的人跟自己说你给了我很大的启发，你让我从旧有的知识当中学到了新东西，那该是一种什么样的体验？遇到过这种老师的学生，很可能因此喜欢上他所讲授的那门课。这才是真正意义上的教学相长。就像我们刚刚说过的那样，做到这一点，从技巧上来说难度真的不大。事情的关键就在于心态和角色的转变，你得从我是来教别人知识的角色调整为我是来跟孩子们一些学习的。这对于老师，尤其是那些一门课程讲了很多遍的优秀老师来说确实不太容易。因为他们很可能认为在自己的领域早就已经是权威了，至少跟身边的人比起来是这样的。所以，想让他把每天的教学变成自己的学成之旅，改变心态才是最难的。

现在我们说新父母对于"跟孩子一起成长"的理解。为什么我们说前面的几个答案虽然不错，但是如此理解还算不上是新父母呢？就是因为他们的思维都是单向的，都还停留在我要帮孩子更好地成长的旧有思想上。他们的潜台词是：成长是孩子的，家长就是来帮忙的。这种理解的进步之处在于从原来的主导地位调整到了辅导位置上，不足之处就在于仍停留在单向思维上。在新父母的眼里，自己与孩子之间的关系应该是彼此需要、共同成长的伙伴关系。成长是他们共同的任务，成长过程中的给予和接受是双向的，父母不是单纯的引领者、给予者，孩子也不是单纯的跟随者和受益者，这才是真正意义上的新父母。新父母的概念是建立在一种新型的亲子关系之上的。新父母对于成长的理解并不是一套聪明的策略，而是一整套人生的哲学。而要想把这套人生哲学应用到新的亲子关系当中来，以下几个原则必须要奉行。

卸下家长的包袱

我一直在跟家长们强调一个现实，如果家长也需要持证上岗的话，淘汰率恐怕比任何行业都要高。因为天下最难做的就是家长，可家长上岗偏偏又不需要经过考核。家长不管做得好不好，也不会有人取消他的资格。孩子出生就像是一场豪赌，摊上什么样的家长仿佛全凭运气。所幸的是，现在我们有些机构已经开始做准妈妈和准爸爸的相关培训工作了。作为家长，父母自身的素养也在不断提高。我们有理由相信，将来这种情况会得到很大的改善，但是，就当下而言，情况还是很严峻的。

还有一种更加严峻的情况是，我们大多数家长根本意识不到这一点。在他们看来，做家长是人类繁衍所赋予的基本权利，当了家长也就自然而然地被赋予了左右孩子一切的权利，同时也在认知当中背上了家长包袱。家长就和权威、权利、完美和不可指摘画上了等号，也完全隔绝了自我成长的可能。自认为家长在孩子面前就应该是完美的，如果实在达不到完美或者是差距太大，也要说出那句"我是你妈（爸）"，来抵御所有的评价和建议。

有多少家长，自己捧着手机教训孩子不能玩手机，一边打着麻将，一边告诫孩子要好好读书。而面对孩子的询问和质疑，只要说出那句"我是家长，我是大人"就可以心安理得了。就算有时候想要对孩子承认个错误，可是一想到自己是家长，家长怎么能在孩子面前"自毁形象"呢？然后就又开始自欺欺人了。这些其实都是家长包袱在作怪。要想建立新型的亲子关系，父母要做的第一个功课就是破除家长迷信，卸下家长包袱。如此，放下身段什么的，便不再是不得已的要求，而是内在的自我需求。

自我局限的探究

和谐的亲子关系需要亲子双方的共同努力，但是这个努力并不是家长努力指导，孩子努力改正，而是家长和孩子一起，努力发现自我，努力完善自我。关于孩子和家长，我们必须明白这样一个现实：在家长的眼里，这个世界上没有绝对理想的孩子；在孩子的眼里，这个世界上同样也没有绝对理想的父母。

如果你真的能够走进孩子的内心世界，就会发现，当家长们用挑剔的眼光打量孩子的时候，孩子未必不会对家长暗自品评，只不过鉴于孩子在这种关系当中所处的位置，他们不敢随意说出口而已。就亲子之间的矛盾而言，导致矛盾产生的原因也是来自亲子双方。孩子自然会有很多有待完善的地方，那么家长呢？就像我们前文说到过的，当家长的情绪快要爆发的时候，我们就要停下来思考几个问题。这当中的一个问题便是"到底是因为什么生气"，为什么要问这个问题？因为我们的心里布满了情绪的"暗礁"。可能是来自自己的原生家庭，可能是来自成长中的某些经历，可能是生活当中的不顺遂。如果不想办法消灭这些情绪暗礁，我们的情绪就会时刻处于爆发的边缘。曾经有一个妈妈，最看不得自己的女儿穿漂亮的衣服。女孩对漂亮衣服的向往很多家长都能理解，但是她的女儿每次提出要买漂亮衣服，都会导致母女间的一场战争。后来通过聊天才知道，这些漂亮衣服是妈妈心底永远抹不去的伤。妈妈小的时候，家里兄弟姐妹多，条件也不是很好。出于女孩子的爱美之心，她偷了家里的钱去买了条花裙子，结果被母亲打了一个耳光，从此在她心里就留下了阴影。还有一个妈妈因为孩子吃饭的时候剩了饭而大发雷霆，根本控制不住自己的愤怒。原来也是因为小的时候经常因为剩饭被母亲训斥，导致她对这件事特别敏感。

所以，亲子之间的冲突和矛盾，很多时候并不是因为问题本身，也不完全来自任何一方。很多时候，家长情绪失控是因为孩子的言行在无意间触碰到了自己的情绪暗礁。说白了就是家长在跟自己的过往闹别扭，他自己跟自己没能和解而已。所谓的孩子，不过是个导火索。

所以，要想成为新父母，建立新型的亲子关系，就应该要明白，在成长的过程当中家长和孩子的角色和关系。并不是说，你结婚生子做了家长，你的成长就已经完成了。一定要懂得成长这个词不光是留给孩子的，需要成长的不仅是孩子，还有家长。我们看到不完美的孩子的同时，也应该要看到不完美的自己，然后跟孩子一起成长，遇见更好的孩子，也遇见更好的自己。

第四章

孩子天性的觉醒，需要爱的滋养

第一节　爱从不会伤害孩子，错误的爱才会

父母的觉醒有利于建立新型的亲子关系，但是要想让孩子做到顺势成长，只有觉醒的父母还是不够的。要想顺势成长，孩子的自我觉醒必不可少。如果孩子的自我无法觉醒，天性得不到绽放，顺势成长也就只能是一句空谈了。那么，如何让孩子的天性得以绽放呢？前文我们所有讨论的内容其实都是在为孩子的天性绽放做准备。但是，孩子的自我觉醒才是最为关键的一步。觉醒之后的父母需要为孩子的天性绽放营造一个充满安全感的环境，而这种环境最需要的条件就是爱和自由。只有成长在爱和自由当中的孩子才能毫无顾虑地绽放出真正的自己。现在我们要讨论的问题就是，如何才能高效地为孩子的成长提供爱的供养。而谈到对孩子的爱，我们首先要讨论的便是，爱真的会伤害孩子吗？

关于爱到底会不会伤害孩子的问题，很多家长的答案是肯定的。所以，现在的很多家长对于爱孩子这件事都表现得战战兢兢。因为我们见过太多与爱有关的亲子悲剧，还有很多教育心理专家也都公开发表过类似"爱会伤人"的观点。

这个真实故事来自贵州卫视的一档纪实类栏目《真相》。故事的主角是一个"瘫"在床上20年之久的正常女孩。故事讲述时，

她已经是一个35岁的青年女性。但是从15岁开始，她几乎就没有离开过床。她家里兄弟姐妹8人，她是最小的一个，所以她所得到的爱，比其他的兄弟姐妹都要多。除了来自父母的爱之外，比她大很多的哥哥姐姐们也对这个最小的妹妹关爱有加。尤其是父母，在她面前简直把母爱展现到了极致，就连吃饭也是妈妈一口一口地喂给她吃。在全家人呵护下长大的这个小姑娘，不仅"五谷不分，四体不勤"，就连生活中的一些诸如梳头、挠痒之类的小事也都不会做。

一直到她15岁的时候，有一天跟哥哥吵了一架。吵架之后，她生气地往床上一躺说自己"瘫痪了"。虽然之后父母数次带她去医院检查结果都完全正常，但是妈妈对她的照顾却明显比以前更加精心周到了。尝到了"瘫痪"的好处，她决定将瘫痪进行到底，一直到后来母亲去世，她都没有从床上站起来。母亲去世之后，照顾她的任务落到了大姐的身上。但是大姐时间和精力有限，没有母亲照顾得那么仔细，偶尔饿极了就不得不下床找点吃的，然后再回到床上继续装瘫痪。后来被家人发现，质问她为什么假装瘫痪，但是她的矢口否认，坚称自己是真的瘫痪了。迫不得已，家人再次带她去医院检查，医生检查后说，虽然她的身体机能并没有什么问题，但是她已经患上了一种"癔症"。在长期的心理暗示下，她认为自己是真的瘫痪了。也就是说，因为家人的爱，她在精神上真的已经瘫痪了。

第二个故事来自2011年《广州日报》的新闻。一位41岁的妈妈在跟16岁女儿的争执中失手夺走了对方的生命。母亲也因此被控故意伤害罪。

在丈夫的眼里，她爱孩子更甚于爱她自己。丈夫说妻子是个典型的贤妻良母，对女儿的成长更是尽心尽力。她对孩子的爱、对丈夫的爱都比对她自己的爱还要多。对孩子的照顾可以说是细致周到、无微不至。在孩子的教育上，夫妻两个也都是尽量采取温和、讲道理的方式跟孩子沟通。但是想了很多办法，结果却不怎么明显。复杂的社会环境和学校环境，是他们没办法掌控的。

平时，他们对女儿的要求都会尽量去满足，在女儿刚上高中的时候就给她办好了银行卡。到出事之前，年仅16岁的女儿就拥有了4张银行卡。除了生活费以外，妈妈每个月还会给女儿1700元的"补品钱"。但是这1700元的"补品钱"也不够孩子用一个月的，通常是20来天就用完了，又开始跟妈妈要钱。悲剧发生在毕业前的那个月，女儿说学校要求学生去照相馆照相，但是女儿却要求妈妈把摄像师请到家里来照相。由于妈妈满足不了孩子的这个要求，那天晚上母女两个争吵了3个小时，女儿还把菜刀拿出来威胁妈妈。第二天晚上，女儿要求妈妈给她买苹果电脑，并且还要赔偿她5900元，这里面包括争吵3个小时的补偿费和妈妈查看她账户的道歉费。索要赔偿未果，便爆发了更大的冲突，直接导致了悲剧的发生。

除了这些活生生的例子之外，台湾亲子专家卢苏伟老师也曾出版作品《爱会伤人：写给父母的内心话》。如果光看这些案例和这些作品的名字，难免会有这样的错觉。会认为爱真的是有害的，很多家长也会谈爱色变。那么，事情真的是这样的吗？那我们就得看一下，我们所认为的那些有"毒"的爱，到底是不是爱。

那位因为家人的爱而装瘫痪20年的女子，父母对她的爱是真的吗？这份爱都是怎么表达的呢？他们对孩子爱的表达就是为孩子做好一切，什么都不用她动手，就连吃饭、穿衣、挠痒痒这样最基本的事情都要替她做好。这是对孩子的爱吗？这不是在养孩子，就连说是搞养殖都觉得有些残忍。搞养殖为了增强动物的体质也还要引导它们多做一些运动，而不会采用这样填塞式的喂养。所以，这根本就不是爱，更不是家长应该对孩子的爱。

再说那位失手夺走孩子生命的妈妈，在她丈夫眼里的"爱孩子更甚于爱她自己"的爱是真的爱吗？是一个妈妈对孩子的爱原本该有的样子吗？丈夫眼中妈妈的爱是对孩子无微不至的照顾和采取温和的讲道理的方式沟通，并尽可能地满足孩子的需求。但是实际上，他们是在满足孩子的一切要求，不论是合理的还是不合理的。她对孩子的爱的表达最主要的方式就是不断地给钱，给刚上高中的孩子办理银行卡，在生活费之外再给1700元的补品费，补品费不够花时还要再给。这是对孩子的爱该有的样子吗？显然也不是。教育专家张仲庆在点评这个案例的时候说："他们以为爱就是对孩子好，殊不知他们的这种'爱'并不是真正的爱。""给孩子最可怕的礼物是无穷无尽的爱、没有原则的爱。正是这样的'爱'对孩子才是真正的害。"

所以，造成上面这两个悲剧、让家长们心生畏惧的爱，根本就不是爱。张仲庆认为，父母真正爱孩子就需要有大爱，就要培养孩子顽强的生存能力，培养孩子自立、自律、自强，培养孩子健全的人格。

《爱会伤人：写给父母的内心话》中讲的又是什么？是真的在说爱是有害、爱是有毒的吗？在这本书的编辑推荐一栏中写着这样的文字："台湾亲子专家卢苏伟老师以深厚的辅导经验，加上长期对家庭教育问题的关心，提出了一般父母所忽略的问题，即除了打骂，过度期待的爱、不愿放手的爱、不断要求孩子牺牲奉献的爱、造成孩子罪恶感的爱等，都会对孩子造成一生的伤害。爱不一定是温暖与甜蜜，爱也会伤人，卢老师提醒天下所有的父母正视及省思。"

虽然他的书名叫作《爱会伤人：写给父母的内心话》，但是他真正要说的话却是爱不会伤人，只有那些错误的爱才会。而他的那些写给父母的内心话，更准确的叫法应该是爱的错题集及其示范。这里面的理论和故事，全部是错误的爱的示范和分析，以及给我们的亲子关系所带来的伤害。其实，恰到好处的爱不仅不会伤害孩子，相反还是孩子绽放天性必不可少的因素。美国文学之父华盛顿·欧文曾说："让孩子感到家庭是世界上最幸福的地方，这是以往有涵养的大人明智的做法。这种美妙的家庭情感，在我看来，和大人赠给孩子们的那些最精致的礼物一样珍贵。"

如何才能让孩子感到家庭是世界上最幸福的地方？不是说家里

有多少钱，也不是说父母的社会地位有多高，更不是说家庭能为孩子提供多么丰富的物质条件，而是让家庭变成一个充满爱的地方。就像另外一位美国作家诺埃尔说的那样："作为一个现代的父母，我很清楚重要的不是你给了孩子们多少物质的东西，而是你倾注在他们身上的关心和爱。关心的态度不仅能帮你省下一笔可观的钱，而且甚至能使你感到一份欣慰，因为你花钱不多并且给予了胜过礼物的关怀。"

当然，这里说的关心和爱，指的是恰到好处的爱。总之，爱不存在原罪问题，所有的问题都出在我们对爱的理解和表达上。与其在对爱孩子这件事上胆战心惊，不如花点工夫觉醒自己爱的智慧。

第二节　爱的代价，你对孩子的爱有多贵

请大家思考这样一个问题：你准备让孩子用多大的代价来换取父母的爱？

相信听到或看到这个问题的时候，大多数人是诧异的，因为想不到还会有人问这个问题。所以，诧异之后，往往就会给出类似这样的答案：

"父母对孩子的爱，怎么能算代价呢？"

"家长爱孩子难道不是天经地义的事情吗？这还要讲啥条件吗？"

"养孩子又不是做买卖，啥代价不代价的，做家长的能不希望自己孩子好吗？"

"如果非要回答这个问题的话，我觉得父母对孩子的爱是无价的。"

好吧，事实就是这样。对于这个问题，家长们显然并没有做好准备。所以，大多数的回答根本就抓不住问题的本质。这个问题最有意思的地方在于，如果我们换个角度，站在孩子的立场上来看待家长的回答的话，你就能知道，为什么孩子们总是说大人最会撒谎了。我们只需要把平时跟孩子说得最多的话跟上文的这些答案对比

一下就能知道，大人们一本正经地说出来的话到底有多虚假。比如下面的这些话：

"爸爸妈妈那么爱你，为你做了那么多，你就这么对待我们吗？"

"你不乐意？你还有啥不乐意的？你知道爸爸妈妈有多爱你吗？"

"你这么不争气，你还让爸爸妈妈怎么爱你？"

"你只考虑自己的喜欢和爱好，难道爸妈不够爱你吗？"

仔细对比一下，看看我们以爱为筹码，都对孩子说了些什么？真的就像我们说的那样，对孩子的爱是毫无保留、没有任何条件、也不需要孩子付出任何代价的吗？事实真的不是这样。我相信很多家长对孩子的爱是毫无保留的。但是能做到不需要孩子付出任何代价的，真的是少之又少。现在明白了吧？虽然绝大多数家长在爱孩子的时候真的没有想着让孩子付出什么代价，但是在以爱的名义付出了之后，就开始变着花样让孩子付出代价，交换、威胁、强行限制、道德绑架、精神攻击，无所不用。

有的家长说：父母对孩子的爱是无价的。这句话也反映出，只要家长认为为孩子做了足够多的事情，那孩子为此要付出的代价也是难以计量的，而且这个代价有效期还特别长。孩子就像是飞在天空的风筝，父母手里拽着爱的绳索，只要家长觉得有必要，随时都有可能拽几下以保证风筝的飞行高度和姿态更加符合自己的预期。

　　父母在爱孩子这件事上的言行不一，是很多亲子关系爆发矛盾的根源。站在家长的立场上，家长觉得我是如此爱你，为了爱你，我不惜付出任何代价，可是你怎么就感受不到呢？为什么你就没有一点感恩之心呢？但是站在孩子的立场上呢，他所感受到的所谓的爱都是有条件的，而且他还不知道要付出什么样的代价，既然注定要作出交换和付出代价，他为什么还要接受情感绑架呢？于是，爱和被爱都充满了委屈和无奈，矛盾自然也就不可避免了。

　　那么，为什么会有那么多的家长在爱孩子这件事上表现得言行不一呢？因为他们对亲子关系中的爱的理解上出现了问题。亲子关系中家长给予孩子的爱应该像三月的阳光和春风，这份爱温暖和煦、不带有任何选择性，是孩子生命所必须，家长也是无条件给予，既不会过后以此为筹码要求你按照我所希望的方式活着，也不会因为你不够听话、不够优秀而让你失去被爱的资格。

　　说到这里，可能有些家长会觉得委屈。因为很多家长言语中的不爱，不过是一种手段而已，哪会因为自己的孩子不够听话、不够优秀就真的不爱了呢？然而，虽然对父母的本心而言，不过是在假装不爱，但是，对于孩子来说，他真的会觉得父母不爱自己了。一旦孩子认定了这一点，家长到底爱还是不爱其实已经变得不重要。对于孩子来说，他感觉不到爱，跟家长真的不爱其实没有太大的区别。尤其是那些年龄较小的孩子，特别容易在家长假装不爱的时候，真的感觉不到爱。

　　心理学家弗洛伊德提出过一个很重要的观点叫作"出生创

伤"，他的学生奥托·兰克还专门写过一本名为《出生创伤》的书。书中的观点认为孩子从一个胎儿到出生以后变成婴儿，这个过程是非常痛苦的。孩子对这个世界的第一感觉不仅是一种新奇，更是一种恐惧。所以，当孩子来到这个世界上，对这个世界充满了不信任、不安全，心中特别惊恐。如何才能让孩子跟这个世界和解，让他感受到安全、幸福，对世界满怀期待，就是要靠来自父母的如阳光、空气一般毫无保留、毫无差别，又不带任何限制的爱。如果父母用爱来讲条件的话，孩子非常容易就此认定父母是真的不爱自己，从此也就真的感觉不到来自父母的爱了。

所以，心理学家卡尔·罗杰斯也曾说，对孩子们只是爱是不够的，我们还必须无条件地去爱。并且指出，要去爱他们本身，而不是爱他们所做的事情。只有这样的爱，才能有助于孩子的自我觉醒。如果再说得形象一点，就是南怀瑾老师所推崇的"视子女如众生……"，你爱他只是因为他是他自己，爱他独特的人格，爱他自己的喜好，并不是因为他说了你喜欢听的话，做了讨好你的事情。这样的爱才是无条件的爱，才是亲子关系中的真正的爱。

可是，想要孩子在爱中自我觉醒，只是讲明白无条件的父母之爱还是不够的，还需要实践才行，而想要付诸实践就少不了必要的抓手。下面便分享几个能将父母无条件之爱付诸实践的抓手。

爱他本来的样子

我们爱他只因为他是他自己，父母爱孩子只是因为他是你的孩子，而不是因为他是你喜欢的样子。父母爱孩子就是爱他的全部，不会只爱他的一部分，而讨厌他的另一部分，他是什么样的，父母便爱他什么样。只有当父母说出："我爱你，爱的就是你自己。"孩子的信心和安全感才能被激活。

爱不因事而移

真正会爱孩子的父母不会让孩子担心因为发生了什么事情而失去父母的爱。这样孩子才有勇气做自己，展现自己本来应该有的状态，而不会为了讨好父母而刻意伪装。不用活在父母的好恶当中的孩子是自由的、自信的，也是幸运的，不仅敢于做自己，还能开心地做自己。

不让情绪左右爱

有不少家长，高兴的时候看孩子哪里都好，不高兴的时候，看孩子哪里都不顺眼，这样极不稳定的爱会让孩子觉得无所适从。甚至会因为突然感觉不到父母的爱而产生消极情绪，严重的还会因此变得抑郁。我曾经接触过有抑郁倾向的孩子，就是因为在成长的过程当中，父母的事业或者是生活遭遇了巨大变故，父母被变故弄得焦头烂额，对孩子的爱也变得荡然无存。而对孩子而言，突然失去父母的爱比因生活的变动而受到的打击要大得多。

不因为爱而要挟

因为我爱你，你就得感恩，就得回报我，不然你就是不孝，你就配不上我对你的爱。这样的想法是万万要不得的，要知道感恩一定是孩子内心自发的，属于他完整人格的一部分，而不是父母要来的。你爱他，仅仅是因为你对孩子的爱，而不是因为其他。

不因为爱而不平等

因为我是爱你的，因为你是被爱的，所以我们之间的关系就变得不平等了。施爱的一方就想当然地拥有绝对的话语权和控制权，就想当然地对被爱的一方指手画脚。无条件的爱，从来不会在意这些，父母爱孩子只是希望孩子能够安心地绽放自我。

总之，我们思考爱的代价，无非是要家长时时刻刻自我警醒，爱是为了孩子的自我绽放，而不是要把孩子拿捏住。时不时地思考一下这个问题，更有利于给予孩子无条件的爱。但是，需要注意的是，无条件的爱不等于无原则的爱，无条件的爱之所以是智慧之爱，那是因为还有原则的存在。而无条件又无原则的爱，就成了我们通常说的溺爱，这对孩子的成长并无好处。

第三节　爱的教育，不只是被爱那么简单

　　爱，不管是在什么关系当中都应该是双向互动的。关系当中的双方，既是给予的一方，同时也是接受的一方。只有两个既能爱人，又能被爱的人在一起，这份关系才足够坚固稳定。如果一方一味地给予，一方一味地接受，再深沉的爱也终究会有枯竭的一天。这在其他关系当中几乎可以说是一种常识。但是在亲子关系当中，很多父母很爱自己的孩子，也很乐于表达对孩子的爱，但是并不怎么想让孩子表达自己的爱。特别是习惯于无条件爱孩子的父母，他们总是有意无意地拒绝孩子们爱的表达，一是舍不得，二是觉得没必要。于是，有不少的家长就这样以爱的名义剥夺了孩子爱的能力，而失去了爱的能力的孩子，整个人也会变得越来越冷漠，人生也将变得灰暗不堪。

　　曾经有个朋友跟自己正在上初中的儿子开玩笑，问："等将来爸爸妈妈老了，你会像你小时候我们照顾你一样照顾我们吗？"

　　孩子认真地思考了一会儿，才回答说："如果你们把钱都给我的话，我能给你们找个好点的养老院。"

　　看得出孩子不是在开玩笑，也不是故意要惹妈妈生气。他考虑得很认真，回答得也很严肃，可能这也是孩子所能想到的最好的

解决方式了。可是妈妈根本就想不到孩子会说出这样的话，很不甘心地再次启发孩子："爸爸妈妈那么爱你，你就忍心让我们去养老院呀？"

这一下也是给孩子问着急了，连忙向妈妈解释说："我知道的呀，可是你们住在家里我也不会照顾你们怎么办？你们也没让我学呀。"

很显然，孩子最后的那句话中的"你们也没让我学"说出了事情的真相。孩子也不是打心眼儿里真的不爱自己的父母，而是真的不知道怎么照顾留在家里的两个老人。所能做的就只是尽可能地给他们找一个条件好一些的养老院，因为他根本就没有机会去尝试这些。

你能想象得到我们的某些家长在这方面做得有多么欠缺吗？其实，关于孩子爱的表达，除了家长之外，我们的老师也早就意识到了孩子这方面的需求，并开始做一些相关的工作。相信很多中小学学生的家长都有过这样的经历。某一天，孩子放学回来，跟爸爸妈妈说："等你们吃完了晚饭，我能给你们洗个脚吗？"

很多家长听到孩子这么说都会觉得这太不可思议了，这孩子好好的怎么会想到这个呢？然后很多人就非常自然地拒绝了，根本就不做任何思考。他们会跟孩子说："别说那些不着调的，赶紧把作业写完比啥都强。"

甚至有些敏感的家长这时候已经开始发挥自己的想象了。他们会想，这孩子这么奇怪，该不是又在学校惹什么祸了吧？是不是又要请家长呀？然后孩子就会告诉家长，这就是今天老师留的家庭作业，先给自己的父母洗个脚，再告诉爸爸妈妈"我爱你们"。

这其实是学校在教会孩子进行爱的回应，让他们学会表达自己对父母的爱。直到孩子说明情况，很多父母还是不肯给孩子这个机会。他们会一脸不屑地说："你最好的爱的回应就是好好学习，给我们考个好成绩。"

但是，孩子的家庭作业还是要完成的。亲子互动类的家庭作业，往往会要求家长把照片或者视频发给老师，这样孩子要给爸妈洗脚是不是就能实现了？并不是的，有不少的家长被逼到这一步依然表现得很倔强，他们会自己端来一盆水，把脚泡进去。然后让孩子蹲在旁边拍个照，孩子的任务就算是完成了。自始至终不会让孩子的手碰到水。可以想象，那句"我爱你们"也是很难有机会说出口的。完全可以想象，那个想要给爸爸妈妈找个好点的养老院的小孩子，肯定也被这样对待过，可能还不止一次。但是这个孩子只是不知道怎么照顾年老后的父母而已，内心还没有变得冷漠。但是如果长此以往，这样的结果几乎是不可避免的，而一个能力出众、内心冷漠的孩子，到底有多可怕，我们恐怕很难去想象。

有这样一个妈妈，孩子的爸爸因为生意上的纠纷被判十几年刑，留下三个孩子给她带。之前因为打官司，家里的积蓄也所剩无几了，她一个人带着两个儿子、一个女儿，一边打工一边照顾孩子，日子过得非常拮据，但是她却倔强地承担了一切。几个孩子也没有让她白白付出，每次考试成绩都非常不错。但是，某年冬天的一件事，让她开始反思之前所做的一切。

那年冬天，孩子的姥姥病重入院半年多。刚入院的时候，孩子的舅舅、姨妈怕孩子们没人照顾，并没有让这位妈妈去医院照看老人。后来眼看着老人的病情一天天严重，怕她留下遗憾，就让孩子的姨妈去照顾孩子们。然后让这位妈妈去照顾老人几天，其实也就是最后的陪伴了。

就在这位年轻的妈妈到医院的第二天晚上，读高中的女儿打来了电话。她在电话里非常委屈地跟妈妈说："妈，你都走了一天了，怎么还不回来？"

妈妈赶紧安慰说："你姨妈不是在家照顾你们吗？我在医院陪你姥姥呢。"

"那你明天能不能回来？"

孩子迫切想要妈妈给一个肯定的答案。

"我这不刚来吗？我得陪你姥姥几天，我也想我妈了呀。"

妈妈试图告诉女儿，我也很爱自己的妈妈，她需要我的陪伴。可是女儿显然并没有听懂妈妈话里的意思，在电话里反问妈妈："你想你妈妈，难道就不想你闺女吗？"

……

这位妈妈说，她是含着眼泪挂断电话的。自始至终闺女都没有问一句姥姥的病情，只是一直不停地催促妈妈回去照顾自己。她一直以为闺女很优秀，闺女现在就读的是一所市级重点高中的"重点班"。这个班的孩子高考的目标就是重点大学，闺女给自己定的目标是国内排名前五的大学，她也一直因为闺女的优秀而感到自豪。可是挂断电话的那一刻，她是真的动摇了，她真的想不明白，闺女什么时候变得这么冷漠了。要知道这孩子是姥姥一手带大的，那时候，初为人母的她根本不懂得怎么照顾孩子。闺女怎么能连一句关心问候的话都没有呢？

"这孩子从来就是这样的性格吗？"

我想知道这孩子如此冷漠到底是不是性格的原因。

"她小的时候可不这样。上幼儿园的时候还知道帮姥姥干活呢。"

"她帮姥姥干活的时候，你们是怎么做的？"

"还是蛮开心的呢，不过那么点儿的孩子能干得了什么，还不是越弄越乱？再说了，有大人在怎么能让孩子干活呢？"

"以后孩子尝试过这些事吗？"

"一开始还很犟，不让干还不高兴呢，后来慢慢也就不闹了。孩子爸爸出事儿之后，闺女有一阵也是闹着要干活，可是我再苦也不能苦了孩子。有时候她还会眼泪汪汪地说'妈妈，辛苦了'，这话我听着挺别扭的，就说'好好学习比啥都强，大人啥都不需要……'"

这就是孩子变得如此冷漠的原因。孩子的冷漠并非生来如此，而是做家长的一步步剥夺了孩子表达爱的权利，后来她就失去了表达爱的能力，到最后她连表达爱的需求都没有了。

英国教育家夏洛特·梅森说：在每个孩子心中，都有一口爱的源泉，它唯一要做的事情就是流淌。而父母这方则要保持体贴、友好、感恩、孝顺、奉献，以使这些渠道不封闭、不阻塞，而且永远向前流动。如此，孩子才能感受到他们每一次爱的流露和表达所创造的喜悦，这会给孩子带来极大的鼓励和信心。一个只能被动接受，无法主动表达爱的孩子，是很难把爱留在心中的。而只有一个心中有爱的孩子，才能真正收获人生的幸福快乐。爱就像是生命中的甘露，能够滋润孩子们的心田。

所以，会爱孩子的父母不仅要给予孩子表达爱的机会，还要引导孩子掌握表达爱的技巧，更要对孩子表达的爱给予积极的回应，使孩子能感觉到他们的爱也是父母生活中的强大力量来源。因为被爱，孩子看见了父母；因为会爱，孩子才能被父母看见。因为被爱而看见父母，孩子感受到了安全感；而因为爱父母而被父母看见，孩子才有足够的存在感。给孩子爱父母的机会，赋予孩子爱父母的能力，在爱的世界里，让孩子既能看见父母，也能被父母看见，这是对所有做家长的要求。

第四节　拒绝线性的爱，爱的世界是一张网

孩子的顺势成长和自己的绽放离不开爱的环境。可是，从实际情况来看，很多家长对爱的环境的理解还不是很到位。什么是爱的环境？就是以爱为底色的成长环境，就是要让孩子生活在爱里，要让孩子的生活充满爱。可是，怎么才能让孩子的生活充满爱呢？在这一点上，有些家长的理解就没那么准确了。很多家长认为，要让孩子的生活充满爱，就是给孩子很多的爱，给孩子很多人的爱，给孩子很多人的无条件的爱，同时，还要允许孩子进行爱的回应。但是，这就够了吗？答案是否定的。这样的爱，我把它叫作线性的爱。因为所有人的爱都以孩子为唯一指向，在孩子和其他家庭成员之间，爱就像连接彼此的线。但是其他家庭成员之间并不存在这种爱的连接。线性的爱，虽然看起来也是密密麻麻的，但是因为其他节点之间的彼此孤立，并不能成为一张结实的网，而孩子顺势成长所需要的爱的环境，恰恰就是这么一张由爱织成的结实而稳定的网。

为什么孩子成长的爱的环境，必须是网状的而不能是线性的呢？我们可以想象一下这两种不同的爱的环境的具体形象。线性的爱是众星拱月式的，所有人的爱只有一个中心，这个中心就是孩

子，所有成员的爱都直接跟孩子互动。在这样的爱中长大的孩子，会不自觉地把自己放在中心的位置，处处以自我为中心。而网状的爱的环境虽然每位成员都会跟孩子建立爱的连接，但是因为他们彼此之间也存在爱的连接，所以在这个环境当中，每个人都是一样的关键节点。这是一个去中心化的结构，每个人的重要性都是一样的，而且其他家庭成员间爱的互动对孩子接受和表达爱也是一种极好的示范。所以，孩子的自我绽放需要的爱的环境当中，不仅有家庭成员对孩子的爱，还要有彼此之间的爱。家庭成员之间的爱对孩子的影响，一点都不比对孩子的爱少。如果是在一个彼此无爱的家庭当中，就算所有人都很爱孩子，孩子也依然无法很好地自我绽放，反倒有可能因为这种爱而产生很多消极的后果。

曾经有人做过一项调查，其中的一个问题是："你最害怕的事情是什么？"

在接受调查的3000名学龄儿童当中，得到的最多的回答就是："最害怕爸爸妈妈吵架，他们吵架的样子好凶。"

为什么孩子会那么害怕家人吵架？经常吵架的父母究竟会给孩子带来什么样的影响？某网络平台上就曾有人提出过类似的问题。

这个问题打开了很多人记忆的开关，大量的回答瞬间点燃了问题的热度。其中有几个得到很多人称赞的回答是这样的：

"每一分钟都是煎熬，让我想逃离，爸爸妈妈经常吵得面红耳赤，甚至在我面前大打出手，这么多年了，我还是经常会被父母吵架的梦吓醒。"

"性格存在缺陷，严重缺乏安全感，由于长期被恐惧和紧张折磨，整个人很容易暴躁，甚至有暴力倾向。"

"自卑、敏感、胆小、怯懦，因为从没有感受过家的温暖，对待亲情异常淡漠。"

当然，这些答案都是来自孩子成年后的回忆。事情过去了这么多年，已经成人的他们还能写出这样的感受。可想而知，当年尚未掌握话语权的他们，面对父母吵架时的感受会有多么强烈。相信家长们看到这样的答案，内心一定会有很大的触动。

心理专家也表示，孩子们的心理问题，75%是由家庭环境引起的，其中父母吵架是对孩子伤害最大的一项因素。美国也有一项研究发现，在不和睦的家庭氛围下，孩子的身心健康会受到伤害，出现性格缺陷和心理问题，更严重的甚至会有自杀倾向。美国心理学家尼古拉斯·卡明斯也曾明确表示："孩子会非常关注父母之间的情感互动，并以此作为判断家庭环境是否安全的依据。"

有一位女网友在网上发帖说她十岁的女儿劝她离婚，这让她觉得非常不可思议。她跟丈夫之间的关系算不上融洽，但还远到不了离婚的地步，也从来没有考虑过离婚的问题。丈夫上学时便是有名的才子，她非常欣赏他的才华。所以，刚毕业他们就组建了自己的家庭，不久就迎来了他们的爱情结晶——一个宝贝女儿。丈夫很幸运地以爱好为职业，靠写作养活着这个小家庭。她也有着一份不错的工作，一家人其乐融融，对女儿，夫妻两个更是视为掌上明珠。

可是，慢慢地她发现丈夫以写作为生真的是既辛苦又挣不到大钱。看着身边的朋友过得越来越好，她也曾劝丈夫找点别的事情做，但是他根本就不愿意放弃自己喜欢的事情。后来，她就辞职开始创业。随着自己收入的增加，家里的生活条件变得越来越好，夫妻之间的共同语言却越来越少，她对丈夫的不满也越来越多。但是他们之间几乎不会吵架，更不会当着孩子的面吵架。丈夫的性格温和，同时作为一位作家，他深知夫妻吵架对孩子的影响。所以，面对她的不满和抱怨，总能表现得极为克制。

　　虽然他们倾注在女儿身上的爱比以往更多，虽然夫妻之间依然会互相谦让，但是家里的欢声笑语却比以往少了很多，夫妻之间的谦让更像是一种礼貌客气。饭桌前少了亲昵的小动作，饭后都各做各的事，也没有任何互动。夫妻两个都觉得不拌嘴、不吵架，女儿就依然活在爱里。直到那天女儿跟她说："你跟爸爸离婚吧，我的成绩又下降了，我上课总是控制不住地走神。我知道爸爸是作家，书上说父母吵架会影响孩子，所以你们不会吵架。但是，我希望你们快乐，你们还是离婚吧。"

　　吵架不过是我们能看到的一种生活状态，但是孩子在意的是爱，包括所有家庭成员之间的爱。千万不要低估孩子对情绪和情感的感知力，他们总是能够准确地判断爱或不爱。很多时候，连当事人都还未能意识到，孩子就已经准确地作出了判断。所以，试图向孩子隐瞒真相的父母，总是被孩子轻易识破，就像我们刚刚在故事里看到的那样。所以，才会有那么多孩子劝父母离婚的事情发生。有时候，我也会面对这样的问题：

"孩子劝父母离婚是否正确？"

"父母经常吵架，孩子劝他们离婚，这应该吗？"

"孩子劝父母离婚正常吗？"

"总劝父母离婚是不是不正常？"

"孩子应不应该劝父母离婚？"

这样的求助有来自孩子的，也有来自父母的。每个孩子对父母的爱都有一种本能的渴望，每个孩子都无比渴望拥有一个充满爱的家庭。当他们发出这种求助的时候，内心的绝望和无助可想而知。在这样的环境里生活，就算是家里的每个成员都表现出了对孩子的爱，也依然无法使他们感受到安全和幸福。所以，就像心理学家武志红说的那样："父母是孩子最大的命运，如果父母相爱，孩子会充满幸福感。"

但是，我们说的绝对不只是吵架的问题，也不是冷战的问题。我们不可能要求所有的父母、所有的家庭成员永远都不吵架，甚至要求他们永远不要当着孩子的面吵架都是很不现实的，但是，我们起码能够做到有爱。就算是我们拌嘴了、吵架了，我们依然可以是相爱的。所以，我们说的是爱，是所有家庭成员之间的爱。孩子对爱的环境的要求绝对不只是不吵架或者是不当着他的面吵架那么简单，也不只是父母之间的爱。父母和爷爷奶奶之间，和外公外婆之间有没有爱的存在，他们之间的爱有没有被有效表达出来，这些都是爱的环境的重要构成部分，对孩子的成长同样有着很大的影响。

我们要明白一个道理，亲子绝对不只是家长和孩子的事。孩子成长需要的爱的环境，也不仅仅是父母和孩子的事，而是所有成员都要参与其中，所有人都要发挥自己的作用，是所有人的事。这需要全部的家庭成员一起努力，而孩子不过是其中的一环而已。

第五节　碰不得的"送命题"，你最爱谁

有一个不那么高明的游戏，很多人小的时候都玩过，当我们长大后又让自己的孩子玩。这个游戏不知道延续了多少代，仿佛已经成了所有的孩子都躲不掉的成长经历。这个游戏就是问"爸爸和妈妈，你更喜欢谁"，或者是"爷爷和奶奶，你更喜欢谁"，还有可能是"姥姥和姥爷，你更喜欢谁"。

总之，这个游戏可以有很多种玩法，核心却永恒不变，就是要逼着孩子作出爱的选择。至于具体以哪种形式出现，通常取决于发问的人跟孩子的关系。当然，这个游戏还有延伸的版本，通常是发问的一方没能得到自己想要的答案，就会开始对孩子展开"爱的拷问"。他们会追着孩子问："难道妈妈（落选的一方）不够爱你吗？""亏得爸爸（落选的一方）那么爱你，你竟然不爱我。"

当我们还是小孩子的时候，我们通常会被这样的拷问逼迫得眼泪汪汪。在后来的成长过程中，有的人成功地完成了疗愈，而有的人却没有那么幸运，"爱的拷问"就成了他们心底的阴影。然后，我们当中的很多人又会怀着一种不可言说的心态对孩子展开新一轮的拷问。不过，这还不是最残忍的，比这更加残忍的游戏叫作"最爱的人"，也有人把它叫作"划掉亲人"。这个游戏要求玩家

把自己生命当中最重要的几个人的名字写在纸上或者是黑板上，然后按要求每次划掉一个人，让他从你的生命中离开。当玩家被迫在父母、子女、爱人之间作出选择时，很多成年人都会忍不住痛哭失声。他们不得不含着眼泪，为那些自己爱的人作出排序，而这个排序就是自己主观意愿上为他们排定的"死亡"顺序。说得直白一点就是你愿意让谁更早一点死。据说，玩这个游戏是为了让玩家更加珍惜爱自己和自己所爱的人，但是这个过程确实看不到这个初衷。更加让人揪心的是，这个游戏竟然堂而皇之地走进了我们的课堂。有一篇来自六年级学生的作文，题目就叫作《划掉亲人的游戏》。我们来看看这篇作文的内容。

今天，又要上作文课了，陈老师轻盈地走进教室说要带我们玩一个游戏。同学们一听，都高兴地笑了起来。我们很快就按照陈老师的吩咐在本子上写下了自己最爱的五个人的名字。

要划掉第一个人的名字时，有些同学无所谓，我却有一点点犹豫，这代表她将永远从我的记忆中抹去！其实，划去后，一股悲伤之情从我心底蔓延开来，那些尘封已久的记忆似潮水般涌进我的脑海。回想起我们一起玩耍、一起欢笑、一起聊天……我的好朋友，你还会回来吗？你会原谅我吗？

要划掉第二个人的名字时，我犹豫了，是划爸爸还是外公呢？最后，我还是选择了外公。在划掉的那一刹那间，我回想起了我们一起散步、一起看电视、一起听音乐……但是，我亲爱的外公，你永远也回不到我的记忆里了，想到这里，我不免有一些悲伤。

轮到要划掉第三个人的名字时，我沉默了，回想起我和爸爸一起做游戏、一起讨论、一起大扫除……那是多么的美好呀，可是我还是必须要把他划去呀。

要划掉第四个人的名字时，我看到有一位同学哭了，我也很悲痛。回想起老师讲课时那动听的声音、慈祥的微笑、亲切的眼神……可是我只能把您划去了。对不起，老师，您会回来吗？

我们的纸上只剩下最后一个名字了，陈老师让我们看一看最后一个名字，对我们说："最后一个人的名字，那就是你们最爱的人，然后，把他也划去。"我只能忍着心痛，把妈妈的名字划去了。

……

从孩子的作文当中不难看出，这是一个心痛和强迫比较的过程，也是一个逐渐让爱变质的过程，更是一个让孩子爱的世界分崩离析的过程。在孩子的世界里，所有的家庭成员都是一个整体，他们的爱共同构筑了孩子所生活的爱的世界。选择更爱谁，其实是在逼迫孩子对自己的世界做一个残忍的分割。分割之后，他对这个世界的信任感和安全感也就荡然无存了。而且这种逐个舍弃的过程，对孩子的心理和情感都是非常大的伤害，因为形成答案的过程并不只是简单的衡量和对比，还有选择时的舍弃和对经历、情感的分割，这对孩子来说都是非常糟糕的体验。

就连问孩子更爱谁的问题，也会给孩子造成很大的伤害。因为被这类问题折磨的孩子已经开始寻找社会认同感了，对他们来说，身为权威长辈的一言一行都是重要的认同获得方式，长辈的认同尊重也是巩固内心安全感的重要途径。这类问题的伤害除了选择的过程，更在于选择的后果。孩子作出自己的选择后，不甘心落败一方的连续追问，带着玩笑心态的起哄，都会影响孩子的情感和心理。况且，这个问题有时候是被当成一个玩笑来提出的，真的就不单纯是一个玩笑。有一个场景我们可以自行思考一下，当孩子说爸爸妈妈之间更爱妈妈的时候，奶奶会发出什么样的灵魂追问？现实中确实有这样的家长，曾经就有一个年轻的妈妈向心理专家求助："我天天和孩子待在一起，但是他还是喜欢他爸爸。我感到很受伤，应该怎么办？"当这位妈妈得知孩子孩子更爱爸爸的时候，她又会跟孩子说些什么？孩子又会面临什么样的压力呢？

　　曾经有人在网上发起过这样的问答：小时候被问更爱爸爸还是更爱妈妈是一种什么样的体验？很多回答者讲述了这类问题对自己的影响，并一致表达了对这类问题的极度反感。比如下面这些回答：

　　"我很确定我的选择恐惧症就是从那时候开始的。"

　　"类似离婚了跟爸爸还是跟妈妈，这种问题是孩子一辈子的噩梦。"

　　"我从小就在这种问题中长大，对这类问题简直深恶痛绝。"

　　"问题在于该不该问吧……我小时候就老被问这种问题。真的很为难，亲身经历呀，还是别问孩子这个问题了。"

"我觉得我对这种问题就有心理阴影……一直都很怕爸妈问我这种问题……即使我心里有了答案，我也会因为防止他们失落而开玩笑般说'不知道'或开心地说'一样喜欢'。"

不难看出，在被问到这类问题的时候，所有人都觉得很为难。除了被迫选择之外还得被迫撒谎，这对一个孩子来说，真的是有些残忍了。所以，智慧型的家长应该具备不让孩子被这类问题困扰的觉悟。不仅自己不去问这样的问题，当身边的朋友以这样的问题来逗孩子的时候，还要帮他主动避开。

有一位奶奶带着小孙子去买菜，回来时在小区里遇到一个老姐妹。对方拉着孩子的手问："你看你奶奶天天带着你多辛苦呀！就连买菜还得带着你。你是更爱你奶奶呢还是更爱妈妈呢？"

这位奶奶一听，连忙跟对方说："家里灶火上还熬着粥呢，不能跟你多说了。我们得赶紧回去了。"

说完拉着小孙子的手就准备离开，对方听着语气不对，赶忙问："我是说错什么了吗？"

奶奶严肃地说："你怎么能问孩子这样的问题呢？这么问本身就是有问题的。你问孩子更爱奶奶还是更爱妈妈，孩子会怎么想？我们做老人的，要是觉得带孩子辛苦，觉得委屈，可以选择不帮他们。我们是因为爱孩子，心疼儿子、儿媳，才选择带孩子的。我们爱孩子不比他爸爸妈妈爱孩子少，但是我们对孩子的爱是不能拿来作比较的，更不能用辛苦不辛苦来衡量。你这样问孩子，只会让孩子觉得我们所谓的爱不过是为了邀功争宠。"

真的要为这位奶奶的智慧点赞，我们为孩子营造这么一个爱的环境，就只是因为我们对孩子的爱，我们想要让他在充满爱的环境里的成长。因为我们要给孩子的爱就是无条件的爱，给予的原因就单纯是因为我们都爱他。强迫孩子在爱他的人中间作出选择，只会让原本纯粹的爱在孩子的心里变得充满功利性和目的性。给孩子营造一个爱的环境不易，需要所有家庭成员的共同努力。切不可因为这个不怎么好玩的游戏，让所有人的努力付之东流。

当然，要想让孩子彻底避免这个问题带来的伤害，只有家长明白这一点是不够的，还要让孩子自己明白。因为孩子难免会在家长不在场的时候遇到这样的问题，只有孩子学会合理应对，才能从根本上杜绝这类问题对孩子的伤害。当孩子遇到这样的问题时，可以这样回答："不可以问这个问题，因为我们都很爱爸爸妈妈，如果选了爸爸，妈妈会很伤心，妈妈很艰难才生的我。如果选妈妈，爸爸也会很伤心，因为爸爸一直在努力工作，也是为了我。"

这样的回答让孩子明白爸爸妈妈都是自己爱的人，也是爱自己的人，拒绝拿来衡量和比较。所以，希望所有的家长在不用这类问题为难孩子的同时也能教会孩子面对这类问题时应有的答案。

第五章

留点自由给孩子，留点空间给天赋

第一节　接受平凡，才能发现天赋

前面我们用了四章内容来讨论如何发现孩子的人格，如何营造一个能够让孩子安心绽放自我的环境。但是，现在我们得说，这只是让孩子顺势成长的一部分，这部分的一个核心关键词叫作"人格"。我们所有的讨论都有一个明确的指向，那就是让孩子在合适的环境内绽放自我，并以此形成完整、独立的人格。那么，接下来我们就要进入顺势成长的第二部分，这个部分的核心关键词叫作"天赋"，接下来所有的讨论指向的都是孩子天赋的觉醒和成长。第一部分内容的主旨在于帮助孩子建立独立、完整、健康的人格，也就是能够成为一个合格的人。第二部分的主旨在于在完整、独立、健康人格的基础上挖掘孩子成长的潜力，使他成长为一个更为出色的人。

人格觉醒的最后一个话题叫作"爱的觉醒"，而天赋觉醒的第一个话题就是自由空间，这两者中间的分界线其实并不那么明显，它们经常会共同发挥作用，只不过是各有侧重而已。就拿孩子的天赋觉醒来说。天赋就像是埋藏在孩子身上的一颗种子，它有成长为参天大树的可能，但是在萌芽阶段之前，却并不那么容易被发现。如果不是在一个合适的环境内，甚至永远都不会被发现，而爱和自由便是天赋显现的两个必不可少的条件。于天赋而言，爱像是阳光雨露，自由则更像是土壤，有了这份自由，不同的天赋才能得以显现。

现在我们就来谈谈天赋觉醒的第一个准备工作：接受孩子的平庸。天赋是所有家长都乐于探讨的话题，家长都希望能在自己的孩子身上发现它，而且越多越好。但是为了让家长更加清晰地看到孩子身上的天赋，我们就不得不先谈谈孩子的平庸，即便很多家长对这个词有一种本能的抵触。所以，跟家长朋友说"要接受孩子的平庸"并不是一件容易的事情。为什么家长都非常难以接受孩子的平庸呢？一个很重要的原因就是长久以来在"望子成龙，望女成凤"的期待里，平庸是一个带有较强贬义色彩的词。一说谁家的孩子平庸，其他人都会从内心深处认定，这多半是个又笨、又蠢、又懒惰的孩子。

如果我们要跟某位家长说："你得接受，你的孩子其实就是一个平庸的孩子。"那一定要做好接受情绪化甚至是语言攻击的准备。就算对方修养不错，没有作出激烈的反应，内心也多半会不太高兴。但是真要说平庸这个词到底有多么负面，倒也未必。所谓平庸无非就是普通、寻常、不突出而已。我们再想想自己，想想身边的人，就不难发现，其实平庸才是人生的常态。真正不普通、不寻常、突出，反而是现实中的少数派。所谓的平庸最多也就是个比较写实的中性词而已。那为什么会有那么多的家长对平庸这么敏感呢？其中有一个重要的原因就是，这个接近现实的中性词与家长对于孩子的幻想之间存在巨大反差。这个对于孩子的幻想就像我们经常说的"望子成龙，望女成凤"。所谓人中龙凤本来指的就是人群中的极少部分，这个我们很容易理解。但是当幻想成为一种执念的时候，我们就把"望"变成了一种必然，映射到孩子身上就变成了必须要完成的使命。既然在父母的执念当中，"成龙成凤"就是孩子的必然使命，又怎么能够接受得了孩子的普通、寻常和不突出呢？

我们必须得承认，大多数孩子将来并不会成龙成凤。如果不打破这种幻想，我们在绝大多数孩子身上是看不到所谓的天赋的。我们讲，每个孩子身上都有各自不同的天赋存在，这确实是个事实，但是这种所谓的天赋，很多情况下是某个相对突出的特质相对于其他相对不突出的特质而言的。我们讲，"这个孩子身上的优点是什么，将来更加适合在哪方面发展"，说的就是他身上相对突出的特质，而并不是说这个孩子在这方面必将取得举世瞩目的成就。不管是对什么样的孩子，这么说都是非常不负责任的。

而且，如果不丢掉关于孩子天赋的执念，最容易形成误判。有些宝宝说话比别的孩子早一些，家长就认定孩子具有超强的语言天赋；某天孩子画了一张画，学校发给他一张奖状，便觉得孩子绝对是绘画的天才；某次孩子的作文被老师当作范文在课堂上读了，孩子在家长眼里就变成了文学才华横溢的神童……现在我们的家长在闲聊的时候，还能听到他们谈论孩子的小时候，都觉得是孩子小时候聪明，反倒是后来越长越普通。说我们家孩子小的时候画画可好了，可惜没给孩子培养好。

真的是孩子的天赋没能得到很好的培养吗？确实，也不能排除这种可能性的存在，但是，更多的不过是当初误判的天赋被后来的现实证伪了而已。为什么会有那么多的孩子容易被误判天赋？就是父母心中那份先入为主的执念。当你认定孩子身上必然会有惊人的天赋，认定孩子必然能够成龙成凤的时候，就总能在孩子身上发现、放大，甚至是臆想出一些跟天赋相关的端倪。

所以，要想发现孩子身上的优点和缺点，就得彻底丢掉关于孩子的幻想，接受孩子的普通、寻常和不突出。那么，问题又来了。我们是在说所有的孩子都是普通、寻常、不突出的吗？并不是，我们说的是丢掉父母臆想出来的不切实际的幻想，重新把目光放到孩子身上，客观地认识孩子的一切。有些孩子在某些方面确实是比较突出的，这种突出只要是基于孩子的客观情况，当然是再好不过的事情了。

为什么要这么说？那是因为很多家长对于孩子幻想的起源并不是基于孩子本身，而是基于自己未完成的人生。他们想把自己人生中那些想做却没能做成的事交给孩子来完成，想让他过上自己想过的生活。我们先来看一个现象，除了教育工作者和专业的研究者之外，那些主动表示要接受孩子平庸的人，往往自己本身并不平庸。他们的人生价值都得到了极大的体现，没有那么多需要让孩子代替自己实现的梦想。所以，相对而言，他们反而更能够坦然接受孩子的平庸。

　　董明珠女士是商场上出了名的铁娘子，很多人眼里的霸道总裁，她所取得的成就也是有目共睹的。但是她年近不惑的儿子，却是在重庆一家普通的律师事务所工作，拿着普通的薪水，住着普通的房子，开着普通的车，怎么看都是一个普通、寻常的上班族，非常符合我们对于平庸的认知。对于她儿子的现状，很多人都替董明珠感到惋惜，觉得这样一个优秀的商界精英，怎么能够允许自己的儿子如此平庸。

　　董明珠对此却不以为意，儿子虽然平庸，但是他足够独立。作为董明珠的儿子，如果他愿意伸手是能够要来大多数人羡慕的生活的，但是他并没有这么做。他靠自己的实力考上大学，然后进入自己喜欢的行业，靠自己的努力挣工资。当董明珠身边的很多人都在想方设法沾她光的时候，她的儿子却跟她做好了约定，不许妈妈干涉他的生活，他不要活在妈妈的影子当中。所以，哪怕他只不过是一个普通的上班族，董明珠也以他为骄傲。

　　她曾经在节目当中说起对儿子的期望，她说："希望儿子能够成为一个对社会有用的人。但是有用并不是指要做到某一个级别，而是指能做一些有益于社会的事情。"

　　从目前的状况来看，她那独立且快乐的儿子完全符合这些期望。从这一点来说，对儿子的教育，董明珠是成功的。

　　反倒是那些过得不怎么如意的人，更加不容易接受孩子的平庸。因为自己的生活遭受了磨难，需要借孩子来雪耻，自己没能实现的梦想，需要孩子来完成。说得现实一点，很多现实不如意的家长，后半生的幸福生活都押在了孩子身上。看看那些被称为玻璃心、被批评禁不起挫折的孩子，那些以各种手段了却自己年轻生命的孩子，有多少是寒门子弟？不是因为他们的心理素质不够强硬，而是因为这些孩子背负的东西要比其他孩子多得多。所以，我们说要给孩子营造一个自由的环境，首先要做的就是给孩子松绑。家长丢掉对于孩子天赋的幻想，孩子才能解除来自家长臆想的禁锢。而家长要丢掉这种幻想，最好的办法就是努力做好自己。孩子不必承担过多父母的未竟之事，才有可能活出真正的自己。

第二节　没有能力的自由，本质上是一种放逐

这是一个在自由的环境里长大的朋友的故事。他说，他的完全自主权从小学五年级就到了自己手里了。他的老家在农村，母亲完全不识字，父亲也只读了两年的小学。小学五年级时，父母就对他说："我们都不认识几个字，今后你的事儿我们也管不了了。以后的事儿都要靠你自己，读书也好，出去打工也好，都可以自己拿主意。你要读书，要学技术，砸锅卖铁我们给你凑钱，要是想出去打工，我们也不反对。但是有一点，你就记住以后不管过成啥样，都是你自己的选择。你过得好，不用感谢我们，过得不好，也不要埋怨我们，都是你自己选的。"

用他自己的话说，从此以后，他就开始了被"放逐"的人生。小学毕业后，村里的很多孩子大都选择在家干活了，他却选择继续读书。虽然家境不好，但是父母二话没说就同意了。中考后为了能早点帮上家里，成绩不错的他选择上了中专，父母依然是无条件表示支持。中专刚开学，他在市里的公交车上遇到一位大学老师，又被点燃了对大学的向往。于是，他想尽一切办法把交上去的学费又要了回来，一个人跑到省会城市去读了一所私立高中。这些事，他都是做了之后才跟父母说的，相当于通知一下。

后来，他又因为学生社团跟校方之间的矛盾，负气退学，又自己在县城找了一家私立学校。再以后的事情，他很少跟家里人说了。他跟家里的联系，就像现在父母经常说的那句戏言："孩子就像飘浮在太空里的卫星，与地球母亲唯一的联系就是，给点钱、给点钱……"

再以后的文理分科、高考志愿、选报专业，再到大学肄业，他都没跟家人里说过。曾经有一位做访谈的朋友问他："对于你这些年的经历，你自己怎么评价？"

他很严肃地说："一句话，毫无定性的前半生。"

朋友接着问："你对父母这种做法的感受是什么样的？"

他表情复杂地说："一个词，放逐。再修饰一下就是，爱的放逐。"

为什么父母明明很早就给了他足够的自由，他体会到的却是爱的放逐？用一句话解释就是：父母给了他充分的选择权利，却没有给他与之相匹配的选择能力。那是一种迷茫、无助、手足无措的感觉。当想要寻求帮助的时候，一向所依赖的父母却跟你说："听你的""你来选""我们没意见"，最后还要再强调一下，作为父母，我们是爱你的，我们无条件支持你的一切决定。这就是爱的放逐，就是想要给孩子最大程度自由的父母经常犯的错误。很多教育工作者都说过，要给孩子足够的自由，要给孩子自主选择的机会，要充分尊重孩子的选择。中国人民公安大学教授李玫瑾曾经说过："很多家长在跟孩子的交流过程中，最大的特点就是没有选择。"

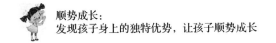
她说聪明的家长，一定是懂得给孩子更多的选择权的。

儿童教育学家尹建莉老师曾经在她的作品《最美的教育最简单》里说："一个没有机会进行自我掌控的孩子，不可能学会自我控制。"同样，一个不会自我掌控的人，是没有什么自由可言的。这就形成了一个死结，没有机会自我掌控的孩子，就不可能学会自我掌控。但是不能自我掌控的孩子，我们给了他掌控自我的机会，又担心会变成事实上的"爱的放逐"。因为选择和自由就意味着责任和承担，人类社会的一条基本规律就是谁选择，谁负责。就像青春期人格训练专家范津在《家庭教育·化解危机》当中写的那样："给孩子选择的权利和自由，就意味着让孩子承担责任、后果以及义务。"

那么，这个死结要怎么解开呢？其实要解开这个死结也不是很难，简单说就是参与和参与感。只要把握好这一点，这中间的分寸和尺度也就好掌握了。从慢慢参与、了解独立选择的真正意义再到能够独立选择并承当相应的责任，这是一个非常漫长的过程。所以，我们上亲子教育课、阅读亲子类书籍时，最重要的不是学习能力和阅读能力，而是作为父母的心态。如果没有足够的爱和耐心，学再多的课程，读再多的书也难有理想的结果。我们现在讲的参与和参与感就非常考验家长的耐心，这是一个慢慢培养、慢慢觉醒的过程，需要经过几个阶段。以下几件关键的事情我们必须要做好。

培养独立选择意识要趁早

培养孩子的独立选择意识一定要趁早，越早开始效果越好。不要因为害怕"爱的放逐"就犹豫要不要等孩子大一些再开始放权。"爱的放逐"不是因为开始得太早，而是因为操作的方法不对。至于时机，首先是越早越好，其次就是当下最好。从明白的那一刻开始，就是最好的时机。而准备给孩子选择自由的第一件事，就是要评估一下孩子的自主意愿。孩子是有自主选择的意愿的，这种自我意识在孩子从婴儿变成幼儿的时候就开始体现出来了。但是，如果家长没有意识到这一点，经过家长长时间的强势掌控之后，这种自主选择的意识很可能会被压制。生活中经常可以见到这样的孩子，他们已经习惯于家长安排一切，已经不奢望自己做主了。就连出门穿什么样的衣服，带什么样的水杯这些小事，他们都很难发表自己的意见。

所以，当你准备给予孩子自主选择的自由时，必须要对孩子当下的情况进行评估，看看孩子自主选择的意识够不够强烈。如果孩子的自主选择意识明显不足，家长就需要对孩子先进行必要的心理引导，否则，直接交给他选择权真的是在难为孩子。

选择的能力从参与开始

真的准备让孩子自主选择了，也不是一下子就把选择权交给孩子，而是先让孩子参与，允许他们充分发表意见。对于自主意识不是很强的孩子，还要鼓励、引导他们参与。这时候有一个原则需要注意：小事授权，大事参与。培养孩子自主选择的能力，并不是一下子就让孩子作重大的决定，而是要从生活中的小事做起。比如，带孩子一起去购物的时候，对家里日用品的选择。带孩子出去玩时，携带物品的选择和路线的规划。基本上生活细节当中那些看似不起眼的选择，都可以让孩子参与进来。既要让孩子积极表达自己的意见，更要引导他们思考选择的依据和合理性。家长在表达自己的观点时，也要充分说明选择的依据，这个过程非常能够锻炼孩子独立思考的能力，让孩子逐渐意识到选择是一个积极思考、充分分析、多方比较的过程，而不是一拍脑袋就能随意作出来的。如果最后没能完全采用孩子的建议，一定记得要告诉孩子原因，以利于孩子以后作出更加符合事实的选择。当然，没有太大影响的时候，可以尽可能采纳孩子的建议，让孩子感受到足够的重视和尊重，这对孩子学会理性选择非常重要。如果孩子十分坚持，在一些小事上父母可以适当妥协。但是，选择的结果要让他来承担，以加深孩子对选择的认知。

角色的转换，参与表达关怀

孩子总是在慢慢成长，知识、眼界很可能会慢慢超过自己的父母。在很多事情上，孩子的选择明显比父母更加高明一些，这时候，父母就需要把选择的主导权交到孩子的手里。记住，是主导权，而不是全部的选择的权利。什么是主导权，就是掌控整件事情的走向，作出最终决定的权利。这时候把主导权交给孩子，除了孩子的选择能力已经逐渐完善之外，还有一个重要的原因就是需要孩子来承担更多的责任了。

孩子成长到这一步，很多家长都会觉得很欣慰。最常见的做法就是跟孩子说："孩子，你真的已经长大了，爸妈都跟不上你的节奏了。以后的事情，你就自己决定吧。"然后，就放心地让孩子自己面对一切。其实，这时候作为家长，我们还可以有更好的选择，那就是跟孩子做好角色的互换，把主导权交到孩子手里，但是并不就此离场，而是站在孩子身后，做好孩子的观察员，必要的时候给予提醒和建议，或者仅仅是适当地表达自己的观点，但是别强迫孩子接受。家长自觉从事情的主导者变成参与者，其实就是在告诉孩子，虽然你现在可以自己做主，但是父母一直都在，你永远不必独自面对一切。家长的这种参与，情感陪伴的意义更重于实际的选择建议。

第三节　头脑自由，鼓励孩子多做白日梦

"老师，我儿子三岁多了，半年前开始喜欢到处乱画。一开始我就没怎么限制他，甚至还有几分窃喜，觉得孩子喜欢画那就画吧。把墙壁弄脏我也没有生气，我跟自己说别去干涉，说不定一不小心就培养了一个画家呢。但是，后来仔细看了他画的东西，那真的是胡乱涂抹，连个形状都没有，就是一片片的颜色，画得最好的可能就是说圆不圆，说扁不扁，只能看出个大概轮廓的圆。说实话，现在我对此感到有些苦恼，你说我到底要不要去制止呢？"

这位妈妈通过留言向我求助，看得出这并不是一位不讲道理的妈妈。看到孩子乱画，她没有生气，孩子弄脏了墙壁，她也没有生气，更没有想着去制止，还留心观察孩子涂画的内容，心里想着不要抹杀了孩子的绘画天赋。可是，经过一段时间的观察，感觉自己完全看不懂，觉得孩子就是纯粹乱涂乱画，这时候她开始苦恼了，不知道到底要不要去制止。这里面有一个细节，她说的不是生气，而是苦恼。生气其实就是一种态度，里面隐藏着鲜明的立场，只有当家长认定孩子这么做不对的时候，才会真的生气。而苦恼，则是因为她不确定，而且因为不确定而不知道自己要怎么做。所以说，

这并不是一位专横的妈妈，她考虑问题没有只站在自己的立场上，而且在没把问题弄清楚之前，她没有选择贸然行动，光是这些，就值得我们为之点赞。

那么，她的问题又该怎么解决呢？她到底应不应该去制止儿子呢？这需要我们暂时放下这个问题去思考另外一个问题："到底是谁规定的，孩子的涂鸦就一定得要大人看得懂，孩子涂画的内容一定要有明确的含义？"

是的，就像大多数人直到把这个问题明确地提出来时才意识到的那样，并没有谁这么规定过，这不过是我们做家长的自以为应该如此而已。没错，对于一个没有接受过任何熏陶的三岁的孩子来说，想要让他通过画画来表达一定的意思，确实有些要求过高了。我们应该明白，这不过是孩子下意识的一种表达形式。他就是很单纯的喜欢这么做而已，这对于孩子来说，也许只是一个游戏。明确了这一点，我们很轻易地就能得到问题的答案：作为家长，这位妈妈最好不要去制止孩子。

我给这位妈妈的建议是：没必要去制止孩子，但是如果能够合适地介入是最好不过的。为什么不需要去制止却又要介入呢？这其实就是我们正在探讨的问题：让孩子的大脑自由。这也是实现孩子天赋自由当中非常重要的一个环节。怎么让孩子的大脑变得自由？最基本的原则就是不要随意干涉，孩子的大脑原本可以是自由的，很多时候是家长的肆意干涉让其变得不那么自由了。就像我们前文提到的那位妈妈，如果刚开始发现孩子喜欢乱画的时候就马上严厉制止，孩子可能就会觉得这是不对的，以后再也不画了。做家长的从此倒是可以省心不少，但是孩子大脑当中这种本能的表达欲望就会被压制，也许表达的本能随后还会通过其他的形式展现出来，但是这个年龄段的孩子不管是通过哪种形式来表达，大人都可能是看不懂的。孩子很可能还会受到同样的待遇，随着这一扇扇自我表达的大门被强行关上，孩子活泼的天性和天马行空的想象力都会变得枯竭，他的大脑也就真的不那么自由了。

但是，不去粗暴的干涉只是没有妨碍孩子的大脑自由，要想让孩子的大脑变得越来越自由，我们还要做好第二件更为重要的事：听懂孩子的话。这就是我建议这位妈妈介入的原因。年纪小的孩子不管是通过哪种形式表达，所传达的内容在大人看来往往都是很难理解的。用大人的思维方式来判断，都会想当然地觉得毫无意义，不过，那只是大人感觉。如果用孩子的思维方式来思考、用孩子的眼光来看待的话，它不仅有意义，甚至还会非常精彩。

世界名著《小王子》的伟大之处就在于，它用孩子的眼光，从孩子的视角，展现了成年人的空虚、盲目、愚妄、死板、教条。这里面有个特别神奇的情节，就是故事里的飞行员讲述自己小时候画画的经历。

当我还只有六岁的时候，在一本描写原始森林的名叫《真实的故事》的书中，看到了一幅精彩的插画，画的是一条蟒蛇正在吞食一只大野兽。页头上就是那幅画的摹本。

这本书中写道："这些蟒蛇把它们的猎获物不加咀嚼地囫囵吞下，尔后就不能再动弹了；它们就在长长的六个月的睡眠中消化这些食物。"

当时，我对丛林中的奇遇想得很多，于是，我也用彩色铅笔画出了我的第一幅图画。我的第一号作品。它是这样的：

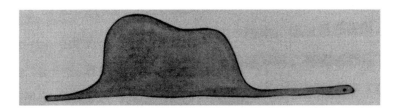

我把我的这幅杰作拿给大人看，想知道我画的是不是叫他们害怕。

他们回答说："一项帽子有什么可怕的？"

我画的不是帽子，是一条巨蟒在消化一头大象。于是我又把巨蟒肚子里的情况画了出来，以便让大人能够看懂，这些大人总是需要解释。我的第二号作品是这样的：

大人们劝我把这些画着开着肚皮的，或闭上肚皮的蟒蛇的图画放在一边，还是把兴趣放在地理、历史、算术、语法上。就这样，

在六岁的那年，我就放弃了当画家这一美好职业。我的第一号、第二号作品的不成功，使我泄了气。那些大人们，靠他们自己什么也弄不懂，还得老是不断地给他们解释，这真叫孩子们腻味。

有没有觉得这个飞行员的遭遇跟我们现在很多孩子的遭遇很像，这里面的大人跟我们自己也很像呢？但是这还不是最神奇的，这个情节里面最神奇的就是飞行员的第一号作品和第二号作品。我曾经把这两幅图画分别拿给大人和孩子看，他们的回答真的就跟故事里讲述的一样。几乎所有的大人都觉得这是一顶帽子，还是画得不好看的那种，而几乎所有的孩子都能看出这条巨蟒肚子里面有一头大象。其实，我并不是第一个做这个实验的人，《爱的艺术》的作者，心理学家艾里希·弗洛姆就曾经做过这样的实验。他拿着故事里的第一号作品测试过很多大人，而他们也总是回答："这是顶帽子。"

后来，他还专门做过关于《小王子》的一系列讲座，用心理学的视角解读作品当中那些不容易被大人理解的问题。而第一讲便是："为什么大人看不懂蟒蛇肚子里的大象？"

为什么大人看不懂蟒蛇肚子里的大象？这部分涉及的心理学知识比较晦涩难懂，但是这个神奇的细节可以明确地向我们传达一个信息，大人眼里的世界跟孩子眼里的世界截然不同。为了不成为故事里那种总是让孩子作出解释、让孩子觉得很腻味的大人，我们就得想办法听懂孩子的话。可是，怎么才能听得懂孩子的话呢？其实很简单，主动走进孩子的世界，并相信这个世界的合理性。现实中喜欢乱画的孩子并不在少数，我们的案例当中的妈妈因为看不懂孩子的画而苦恼。但是同样是类似的情况，另一个家长做得显然更好一些。他的孩子也是经常画一些不规则的圆和一些看起来毫无意义的点。这位爸爸虽然也看不懂，但是他每次都会很耐心地询问孩子："你画的是什么内容？""这些圆是什么？""这些点点又是什么？"

孩子每次都会给出准确的答案，而这些答案也经常让他意想不到。比如说，孩子告诉他，这个圆是一架旋转木马，这个点是一只小马，那个点是一头牛。每次提问，孩子回答得都很认真，而听完孩子的回答，他也会把孩子的答案标记在这幅画上。然后，他就发现孩子画出来的东西越来越能看得懂了。倒不是说他已经完全掌握了孩子的语言，而是孩子大脑里面的东西，表现得越来越形象、具体了。旋转木马、小河马、大水牛，越来越容易被大人理解了。

其实读懂孩子真的没有那么难，只要家长愿意问，孩子一定会乐于给出解释。遗憾的是，很多家长并没有学会向孩子请教，完全是用自己的认知，就单方面得出了结论。更糟糕的是，即使有的家长问了，也会本能地用自己的那套价值观进行单方面的评价：这个是不合理的，那个是没有价值的，然后告诉孩子，你最好放弃那么傻的想法，或者是教育孩子应该做更有意义的事。还有些家长听到孩子的回答后，会哄然大笑，这会让孩子非常受伤，这是很糟糕的做法。

　　所以，要想让孩子的头脑更加自由，不去人为控制他，最好的做法是读懂孩子的表达，听懂孩子的话，然后相信他的合理性。你越是相信他，他受到的鼓励就越大，他的头脑也就越自由。

第四节 允许不开心，别逼孩子做情绪的哑巴

现在，我们来探讨一下孩子的内心自由。所谓内心自由，我们可以理解为孩子的情绪自由。那么，孩子怎么才算是情绪自由了呢？最直接的表述就是孩子可以有喜、怒、哀、乐、悲、恐、惊等各种情绪，但不因内耗而耗费心神。之前我们讲过父母的情绪觉醒，只有情绪觉醒的父母才不会让孩子遭受情绪的冷暴力，但是只有这样还是不够的，孩子还需要做好自己的情绪管理，于家长而言，这是针对孩子的情绪教养。让孩子很好地做好自己的情绪管理，跟自己的各种情绪和谐共处就是情绪教养的目的所在。只有做好了情绪管理，所谓的天赋才有机会显现出来。如果一个孩子无法跟自己的情绪和谐相处会怎么样呢？

有一些孩子，他们在某些方面确实有着明显的优势。别人可能花费很多时间和精力都不一定能做好的事情，他们可能轻轻松松就做好了，他们也因此成为同龄人羡慕的对象。但是，他们的这种优势也仅限于平时，只要是在公开或者是重要的场合下，他们就会表现得特别不在状态。他们可能是"逢考必败"的学霸，也可能是那些明明学会了却无法应对课堂提问的好学生。

有一些孩子，他们平时表现得乖巧听话、平和文静，却可能因

为一个毫不起眼的细节而瞬间爆发，可能只是别人无心的一句话、下意识的一个动作，或者仅仅是一个细微的表情。爆发后的他们所呈现的状态可以说是判若两人，甚至呈现出强烈的攻击性。就像那些平时逆来顺受却对他们构成了伤害的孩子，或是那些阳光开朗却发生自残行为的孩子。

逢考必败的孩子，只有在情绪极为平静的时候才能表现出自己的真实状态。一旦情绪有所波动，注意力就在情绪的作用下偏离，他们就无法保持专注，甚至无法将注意力拉回到正在做的事情上。而那些瞬间爆发的孩子则是因为无法与心里的各种负面情绪和解，导致负面情绪越积越多，直至最后的爆发。

这就是无法跟情绪和谐相处的结果。所以，对孩子进行必要的情绪教养就成了家长必须要做好的事情，怎么才能把这件事做好？答案是：一个认知，两个训练。

我们先说"一个认知"，这个认知就是对孩子情绪状态的认知。不妨使用几个关键词来描述一下我们心目当中懂得情绪管理的孩子的样子，看看会不会是这些词：开朗、阳光、温暖、冷静、热情、自信、欢乐、镇定、平和。

这些词汇的共同特征全部是正面情绪的表现，这也符合我们对情绪管理的第一印象。既然懂得情绪管理，那这个人所展现出来的样子就应该正向的，这只是其一。还有一种原因是，这同时也是家长心目中自家孩子的理想状态。我们太希望孩子幸福了，希望他们开心、快乐、无忧无虑。这种愿望强烈到我们不允许他们不开心。

看到孩子不开心，家长通常会怎么说呢？看看下面的这些话，是不是很熟悉：

"天天有吃有喝的，啥都不用干，你还有啥不开心的？"

"现在的孩子也不知道是怎么了，从小长在蜜罐子里，这么好的生活他一天天的还不开心。"

"你有什么权利不开心？全家人都恨不得把你捧在手心里，舍不得打、舍不得骂的。你竟然说你不开心！"

没错，有些家长就是觉得，我们爱你，给了你各种优渥的条件，还不让干活，你就必须要开心，你就没有不开心的权利。我们要说的一个认知，就是要颠覆这个旧有的认知，把不开心的权利还给孩子。允许他失落，允许他生气，允许他焦虑，允许他愤怒，也允许他忧伤。就像我们一开始说的那样，允许孩子拥有喜、怒、哀、乐、悲、恐、惊等各种情绪，并逐渐能够与这些情绪和平相处，这才是一个鲜活而真实的孩子该有的情绪。只有家长真正认同并接受这种认知，对孩子的情绪教养才有成功的可能。否则，就算是后文的"两个训练"，我们做得很好也没有多少意义。因为在还没有开始的时候，我们的目标参数就设定错了，怎么能指望有好的结果？而且，从某种程度上来讲，为什么有那么多的孩子没办法跟自己的负面情绪和平相处？就是因为家长没有真正搞懂这一点。当孩子对情绪还没有足够的认知的时候，本能的情绪展现就被家长强行叫停了。当他们感到伤心想要哭的时候，家长呵斥他们："不许哭！憋回去！"当孩子感到愤怒，想要发火的时候，家长也会马上制止："别瞎闹！是不是想挨揍了？"只有当孩子开心、快乐的时候家长才会和颜悦色地表扬甚至是给予奖励。我们要记住一个规则，家长奖励什么就会在孩子的身上看到什么。我们以正面的情绪回应孩子的正面情绪，用负面情绪回应孩子的负面情绪，时间久了，在孩子的认知里就会形成一个概念，觉得只有正面的情绪才是对的，那些负面的情绪就是错的了，然后就会本能地将它们隐藏起来。这样，孩子就在不经意间变成了负面情绪的哑巴，但是负面情绪本来就是情绪的一部分，也是本能的一部分，孩子可以下意识地忽视它们的存在，却没办法让它们消失。当它们积累到一定程度，不管是内耗还是爆发，都会给孩子带来想象不到的伤害。这就是为什么一定要在"两个训练"之前，强调"一个认知"的原因所在。

现在我们说第一个训练：辨别、溯源和表达的训练。想要管理情绪，跟各种情绪和谐相处，首先就要认知各种情绪。现实情况是，很多人对于情绪的认知并不那么充分，尤其是孩子。年龄较小的孩子对于情绪的认知更是非常有限，很多孩子对于情绪的判断通常只有开心和不开心、高兴和不高兴，至于什么是焦虑、什么是愤怒、什么是紧张、什么是失落，在这些孩子的心里并没有一个清晰的概念。

我认识一个正在上幼儿园的小男孩，他经常提到的一个词就是"搞笑"。比如，他常常说这样的话："妈妈，你说话太让我搞笑了。""我现在有点搞笑。"

这个男孩在手术后躺在病床上甚至还对身边的妈妈说："妈妈，我觉得太搞笑了。"

　　而妈妈则有些生气地说："这孩子，怎么这么贫？快好好躺着吧，别闹了。"

　　后来通过观察发现，他是把所有让他觉得不开心、觉得难受的情绪都用"搞笑"来替代。但是，从家长的反应来看，他们并没有认识到这一点。孩子对"搞笑"的错误运用，让家长觉得很好玩，觉得这孩子说话太有意思了。其实，孩子每次在提到这个词的时候，情绪状态都很不好。这是个对情绪比较敏感的孩子，他一直在尝试着向大人传达情绪状态。可惜家长并没能捕捉到，因为他还不能准确区分不同的情绪。

　　所以我们的第一个训练，就是训练孩子认知情绪，就是在日常的生活场景当中，每当孩子表现出小情绪的时候，家长就要告诉自己：训练的时刻到了。比如：当孩子眼睛瞪大、双手握拳、脸色潮红、呼吸也变得紧促的时候，就表示孩子已经有了小情绪了。但是具体是什么样的情绪，这时候家长不要自以为是地替孩子作判断，最好能够来到孩子面前，给孩子以爱的拥抱，然后询问一下他此刻的感受："你现在感觉有些不开心是吗？是紧张还是生气呢？"

　　如果孩子没办法准确告诉你他到底是紧张还是生气——很多小孩子一开始确实是这样的——那么就要用他所熟悉的感觉进行类比，帮他确认。家长可以这么引导孩子："是像上次在公园那个小朋友拿走你玩具时那样的感受呢，还是像你第一次玩滑梯，坐在最高处准备滑下来的时候的感受？"

这时候不要着急，多一点耐心给孩子多找几个类比的细节，使孩子能够从中找到更加类似的感受。一旦跟孩子确认就是某种感受，那么就一定要在第一时间内给这种感受贴上标签。这个给情绪贴标签的过程其实就是引导孩子用理智代替本能的过程。家长要明确告诉孩子这种感受到底是什么。然后可以把这种情绪写在一个小本上，经过一段时间的训练之后，家长就能跟孩子一起将各种情绪都写在这个本子上。再以后，当孩子再有小情绪时就可以根据这个本子进行识别了。

跟孩子一起识别情绪之后第一件事就是告诉孩子有情绪很正常，大人也会有情绪。如果有可能，跟孩子分享一下自己的经历，让孩子切身感受到这一点，然后再带孩子一起进行情绪溯源。询问一下孩子，为什么会有这样的感觉？是什么人说了什么话还是发生了什么样的事情？跟孩子一起找到点燃情绪的原点，这样一来，下次再遇到类似的情况，他的情绪反应就会小一些。

然后，还要进行第二个训练，就是如何释放情绪。你得告诉孩子，我们得想办法改变这种情况。我们可以询问孩子，你心里很难受，你想怎么办？孩子可能会说："我很想哭。""我想大声叫喊。""我想去打他。"

当孩子说出这些我们不希望发生的事情时，不要忙着制止，先表示认同，说他有这种想法是可以理解的，如果是别人在这样的情况下可能也会这么想的。然后再次发问，问他还有没有更好的方法。如果孩子实在想不出来，家长可以再加以引导，然后再将几种方法一起作下比较，孩子自然就能明白什么才是表达和释放情绪的最好方法了。

第五节　不喜欢、不接受，天分和热情成就幸福

许多人回顾他们的整个人生，感受不到他们的天赋是什么，或者从未提及任何关于天赋的事。我遇到过各种各样的人，他们不认为他们擅长任何一件事，他们不喜欢正在做的事，只是对付；他们不能从工作中感受到愉快，只是忍受它，然后等着周末来临。

但是我也遇到过另一些人，他们深爱着自己的工作，甚至不能想象去做别的事情，因为这不是他们在做什么，这就是他们。但这种人只是很少一部分，对此可能有许多解释，其中最可能的解释是教育。

因为现在的教育在某种程度上，使许多人远离了自身的天赋。人力资源就像是自然资源，它们通常埋藏得很深，你必须去找寻它们，你不得不创造它们自我展现的环境。

以上内容来自《让天赋自由》《发现你的天赋》的作者、英国华威大学教育学教授肯·罗宾逊在TED的演讲。从这些内容当中我们可以读出关于天赋的几个重要信息。第一个重要信息是对天赋的阐释，他认为所谓的天赋应该有两个维度：一个是擅长，一个是热爱。这也正是我们讲顺势成长的终极目的，让每个孩子都能快乐

地做自己擅长的事情，做一个完整且幸福的人。第二个重要信息就是天赋并不容易被轻易发现，它们通常都隐藏得很深。而我们正在对孩子进行的教育，正在使天赋离孩子越来越远。还有一个重要的信息就是，不管是让天赋自由还是发现孩子的天赋，我们都不能将目光紧盯着孩子，因为我们要去寻找它们，就不得不创造适合它们自我展现的环境。而我们在前文讲的所有内容，包括亲子的边界、父母的觉醒、爱和自由，无一不是在为孩子天赋的自我展现创造环境。

这一节我们要讲的是喜欢的自由，同样也是在为天赋的展现创造环境。什么是喜欢的自由？这种自由看起来可能跟选择自由有些相似，因为这种自由大多体现在选择的时候。但是我们讲的喜欢的自由更加侧重的是喜好跟天赋之间的关系，更加关注的是如何让天赋离孩子更近一些。先通过两个案例来了解一下我们的教育是怎么让天赋一步步远离孩子的。

一个正在读高一的女孩说，她跟父母之间的关系恐怕从此就有隔阂了。她之所以这么说，是因为这之前他们从来没有爆发过如此激烈的矛盾。女孩说自己的父母并不是特别强横的那种，他们之间一直保持着一种类似朋友的关系。融洽的亲子关系让她一直以来都是同龄人羡慕的对象。可是这一次，她却要靠一己之力对抗整个家庭，所有的亲人似乎在一夜之间全部站到了自己的对立面，这一切都是因为她的文理分科。女孩非常喜欢文学，阅读和写作是她在学习之外最喜欢做的事，这次的分科她几乎是没有考虑就选择了文科，她觉得家人们一定会支持她的选择。就像之前很多次那样，只要是她喜欢做的事情，父母都会表示支持。即使一开始他们有不同的想法，但也只会表达一下自己的观点，最终都会尊重她的选择。

可是这一次，父母的态度让她很是意外，他们明确地表示，她必须选择理科。他们说的是"必须"而不是以往的"你也许应该考虑一下"。最糟糕的是，父母的决定也得到了其他亲人的一致支持。在这次前所未有的激烈对抗中，虽然她已经竭尽全力保持着最后的倔强，但最终还是落败了。家长们的态度出奇坚决的原因就是："这次的选择关乎你以后人生的走向，我们宁愿你现在恨我们，也不想你以后活得委屈。"因为在他们的眼里，学理工科的孩子将来的生活要比学文科的孩子好。在生活面前，这点爱好其实是可以被牺牲掉的。

"我跟我妈吵起来了，真的不想学美术了，可能不参加艺考了。"说这话的是一个男生，他的烦恼不是因为自己的爱好被牺牲了，而是凭空多出了一个自己并不喜欢的爱好。他从来没有想过自己会以艺术特长生的身份去面对即将到来的高考，因为这些年他从来就没有接触过跟艺术相关的任何东西，就连学校的美术课都没有什么突出的表现，也没有登上过任何的舞台，小学、中学的联欢会自己都没表演过节目，关键是真的一点兴趣都没有。直到有一天，父母把他叫到身边，开始了这样一场谈话。

"从此以后，你就是美术特长生了。接下来这段时间你的主要任务就是集中精力学习绘画，考一个不错的成绩。"

"可是，我并不喜欢美术呀。我也不认为我有什么特长，我根本就不会，我也没学过。"

"这跟喜欢有什么关系？以你现在的成绩，上211、985概率太低了。艺术特长生就不一样了，考个名校应该都没什么问题。"

"可是这不是我的特长呀，我也没有基础。"

"哪个特长生是因为喜欢才学的？你看看报班的那些孩子，还不都是想要走个近路？特长、特长，学着学着不就成特长生了吗？我都问过了，只要你肯学，考试是没问题的。我们的目的不就是让你具有应试能力吗？又不是让你当画家。"

这个男孩的家长有一句话说得是对的，只要他肯学，考试还是没有问题的。他学得确实也不错，但是依然没办法喜欢，到最后还是想要放弃。可是在父母的坚持下，要想走自己的路又谈何容易呢？

教育，爱好，天赋，就是这么矛盾。在顺势成长的语境下，天赋就是自己擅长且喜欢的事情。可是现实当中又有多少孩子能够如愿以偿，真正能够沉浸于自己擅长且喜欢的事情中呢？很多人究其一生也难以找到这样的事情。就算有些幸运的人找到了这样事情，也难免会在跟现实教育的对抗中落败。最终，做着擅长却不喜欢的事情，或者是既不喜欢也不擅长的事情。就像上文案例当中的两个孩子，一个放弃了自己原本喜欢的事情，一个被迫接受了自己并不喜欢的爱好。不一样的形式，却是一样的妥协，最后都将活成别人希望的样子，而没办法把自己活成自己。就像肯·罗宾逊说的那样："我喜欢那个词——解放，你知道它的意义吗？许多想法，我们简单且理所当然地接受，但是很多已经成型的想法无法和当今这个世界的客观环境融合……"

所以，我们需要解放。肯·罗宾逊的这个词用得特别到位，让每个孩子都找到自己的天赋，并实现天赋的自由，确实需要解放。但是这个解放的对象不只是天赋、不只是孩子，天赋的自由需要一个环境，不仅是家庭的环境，更是整个社会大环境。所以，虽然这样的解放最终会在孩子身上体现，但是解放的对象却是我们社会大环境下的每一个人。我们的家长，我们的教育工作者，只有当越来越多的人懂得真正的天赋是什么的时候，只有孩子不用再在擅长和喜欢的事情与别人认为重要的事情之间艰难抉择的时候，天赋自由才能得以实现。

而这种解放也不在技术层面，而在认知层面。只要我们的认知改变了，自发地给予孩子喜欢的自由，接下来的事情也就顺理成章了。怎么改变这个认知？我们来看个故事。

在一条小河里有两条小鱼在自由自在地游着。这时候游过来一条大鱼，问他们："今天的水怎么样呀？"两条小鱼非常礼貌地回答说："很好。"然后，大鱼就自顾自地游走了。大鱼走后，其中的一条小鱼问同伴："水是什么呀？"另一条小鱼想了一下回答说："我们就生活在水里呀。不过你要不问我都忘了它们的存在了。"

没错，真正的天赋就是我们孩子身上时时刻刻都会呈现出来的特质。但是一方面它们太常见了，另一方面成人的眼里填满了被功利性标准固化了的"重要"的事情，以至于我们对它们的存在常常视而不见。所以，现在明白了。我们要孩子的天赋自由，我们要解放思想，我们要改变认知，就要做到下面几点：

第一，看到孩子身上那些我们习以为常的特质的可贵，改变我们对于所谓重要事情的定义。

第二，更新我们对天赋的认知，明白天分和热情才能成就孩子的幸福人生。

第三，给孩子以喜欢和热爱的权利，允许他们拒绝那些能做却不喜欢的事情。

第六章

优势成长，放弃那个无所不能的孩子

第一节　远离木桶理论，专注短板，孩子将会越来越平庸

"作为父母，我们经常致力于让孩子弥补缺点，忽视了发展孩子优势的重要性。"沃顿商学院终身教授亚当·格兰特的这句话说出了最具普遍性和典型性的教养现实。而这样的现实会造就一个更加可怕的后果，我们称之为"过度教养"。什么是过度教养？我们暂不去阐释难懂的概念，先看一看曾经让孩子深受其害的事实。在过度教养风行的时候，我们的孩子除了学校功课和作业之外，还要接受各种其他方面的培养和训练。下午放学以后，孩子可能是在学演讲；晚饭之后，可能还要学书法、绘画；周末可能还要学舞蹈、钢琴、游泳等课程。这样的学习压力下，我们的孩子过的是一种什么样的生活？他们连必要的休息和睡眠时间都很难得到保证，其他的就更不要想了。

曾经有很多教育界的人士大声疾呼，让家长把童年还给孩子，要给孩子玩耍的时间和休息的权利，还有人质疑说家长对孩子实在是太狠了。而家长也表现得很委屈，又有哪个家长不疼爱自己的孩子呢？我记得有个小姑娘的妈妈在女儿还没有出生的时候对这种情况非常反感。闲谈中多次表示，将来自己的孩子出生了，她一定不会这样对待她。孩子出生后的一段时间她也确实是这么做的。直到

有一天，当女儿在一群会跳舞、会弹琴、会表演的孩子面前无聊地缩在角落里……虽然极不情愿，但这位妈妈还是改变主意加入了他们的队伍。

坦白地说，这些被迫多才多艺的孩子，当中大多数人将来都不会成为艺术生，这种过度的培养只会让更多的孩子失去兴趣爱好，甚至留下阴影。为什么明知道家长难、孩子更难，还会有那么多的家长选择这样做呢？就是因为我们都太想拥有一个完美的孩子了，生怕孩子身上的某些不足会影响到他未来的发展。这种心理有一个特别形象的比喻叫作"木桶理论"。木桶理论认为，木桶是由很多块长短不一的木板箍成的。而决定这个桶到底能盛多少水的不是最长的那块板，而是最短的那块，因为桶里的水都会顺着那块短板所产生的缺口流走。一味地想要弥补孩子身上的缺点，而不惜对孩子进行过度教养的家长们，就是把孩子看成了木桶，他们要想尽一切办法来把"木桶"的"短板"接长。他们坚信，只有不存在任何短板的孩子才能够在激烈的竞争中脱颖而出。

但是事实呢？孩子的发展和生存模式真的就像这个木桶理论说的那样吗？并不是，事实就是我们每个人都是在靠特质生存。我们的家长就像是一个园丁，孩子就像我们最熟悉的工具。先让自己沉浸在这样的一个情境当中，你看看自己手里的各种工具，它们存在的价值都在哪里？钉子的价值在于足够尖锐，锤子的价值在于它的硬度和分量，剪刀的价值在于锋利。如果你需要一把剪刀，一定会选择最锋利的那一把，而不是考虑很多方面，选择功能最多的那一把。也就是说不管什么样的工具，都是靠自己最为突出的优势体现价值。所以，如果是一把剪刀，你就让它更加锋利；如果是一把锤子，你就让它更加坚硬；如果是一根钉子，你就让它更加尖锐。亲子教育当中这种理论有一个专有名词叫作"优势教养"。

优势教养的核心就是让我们把更多的时间和精力用来进一步强化孩子的优势，而不是像以往那样去弥补他的不足。为什么"优势教养"更加符合我们顺势成长的内核要求呢？《优势教养》的作者、墨尔本大学心理学教授莉·沃特斯认为，优势教养是过度教养的有效解药。能够最大限度地缓解过度教养所形成的内卷，减轻孩子过大的身心压力。除此之外，莉·沃特斯还给出了优势教养在孩子的成长过程中所发挥的作用。她通过观察发现，当父母对青少年实行优势教养时，孩子的精神状态往往更好，具体表现在：

他们对生活的满意度更高。

他们明显更加快乐、充满希望，积极的情绪更多。

他们更加了解自身的优势。

他们更懂得运用优势按时完成家庭作业。

他们更会运用优势解决与朋友之间的问题。

他们更善于用积极的方式来应对压力。

他们日常感受到的压力会更小。

就像我们前文说过的那样，弥补缺点的教养方式和强化优势的优势教养之间最本质的区别就是关注点的不同。当父母实行的是优势教养，关注的点更加侧重孩子的优点时，孩子就会表现出比较好的状态。而当父母更加关注孩子的缺点时，又会对孩子的身心造成什么样的影响呢？莉·沃特斯现身说法，说她跟很多其他的孩子一样，小的时候也是习惯性地只看到自己的劣势。她看到的更多的是自身的欠缺和错误，她说在这样一种执迷于劣势的世界里成长，她更加在乎家长对自己的看法。她比其他孩子更不幸的是，她的妈妈患有抑郁症。抑郁症让妈妈的行为变得很古怪，情绪也总是很极端，悲伤、沮丧、愤怒等情绪经常弥漫在她的家里，家里的很多事情也变得混乱不堪。这让本来就非常关注自身缺点的莉·沃特斯觉得这一切都是因为她，以至于在相当长的时间内，她一直觉得一定是因为自己有什么严重的缺陷，才会让母亲这么不开心、这么生气。更糟糕的是，当时根本没有人告诉她到底为什么会这样，她关于自己的揣测也找不到可以倾诉的人，这更加坚定了她关于自己有重大缺陷的猜测，她的内心时刻被痛苦和羞愧折磨着。家庭的生活就已经让她感到痛苦不堪了，学校的生活同样没能好到哪里，校园欺凌让她不得不转学。正是因为这样的童年经历，让她决心做一名心理学家。沉浸在痛苦当中的她暗暗下定决心，长大以后一定要帮助那些苦苦挣扎的人和他们的家庭。

这就是那些只顾着弥补孩子缺点的教育方式给孩子的身心带来的伤害，而且，我们的孩子实际上要承受的可能比莉·沃特斯还要多一些。因为莉·沃特斯母亲的状态是因为抑郁症导致的。莉·沃特斯的自责不过是自己的猜测，没有谁亲口对她说过这样的话。但是现实中我们的孩子，家长对孩子缺点的过度关注，则是一种无时不在的强烈暗示，更有家长毫不掩饰甚至会夸张地表现出因为孩子的缺点而导致的失望、担心和焦虑情绪。这会导致我们的孩子生活在比莉·沃特斯更加痛苦的环境当中，家长的负面情绪让他们根本就看不到自己的优秀，哪怕事实上他们真的很优秀。

所以，要想让孩子顺势成长，轻松愉快地活出自己最大的价值，就必须要对孩子实行优势教养。而家长们要想开启优势教养之旅，所要做的第一件事就是在执迷于劣势的世界中发现孩子的优势。而要做到这一点，首先要进行"发展聚焦"转移。所谓的发展聚焦，就是父母关注孩子身上的点。如果父母的发展聚焦集中在孩子的缺点上，他们会坚信使孩子走向成功的最好方法就是去除他们身上的缺点。而父母的发展聚焦集中在孩子的优点上时，他们则会觉得使孩子快乐成长最好的方法是发现并进一步强化孩子的优点。事实证明，只有进一步强化优点才能让孩子更加快乐、更加自信、更加有价值感。而一味地想要弥补孩子的缺点，则可能让孩子陷于自我否定的痛苦之中，他们会变得更加不自信，自身的优势也会变得越来越不明显，想要成功反而更难了。

我们来分享一个莉·沃特斯经常带着家长们一起做的练习："把你的孩子想象成一块橡皮泥，花点时间在脑海中把这块橡皮泥塑造成他现在的样子，同样的身高，同样的身形。现在，退后一步，你会发现，橡皮泥的一部分非常漂亮，这些就代表孩子的优势，而其余部分凹凸不平，这些代表孩子的劣势。然后想想我们的孩子，给孩子的模型贴上标签。写上你们所看到的孩子的优势和劣势。然后，再问一下自己，下一步打算怎么来促进孩子的发展，使之快乐地成长呢？"

　　我希望家长们都能认真地做一下这个练习，如果有必要的话，多做几遍也是可以的。通过这个练习，我们能够更加直观地了解对孩子教养方式的选择，同时还能借此机会重新审视一下孩子，发现孩子身上那些你平时并不是很在意的优势。

第二节　为什么关注孩子的优势那么难

"老师，我现在知道了。优势教养是更有利于孩子身心发展的教养方式。我也知道我的关注点应该从孩子的缺点转移到他的优点上来。我也尝试着去做了，但是我发现这真的好难呀，为什么专注于孩子的优点就那么难呢？"当我们聊了优势教养的好处之后，很多家长都会发出这样的疑问。甚至还有家长半开玩笑地说："难道就没有一种教养方法适合从孩子的缺点出发吗？我真希望有，因为我真的是太擅长看到孩子的缺点了。"

那么，专注于孩子的优点真的很难吗？客观地说，确实很难。尤其是那些习惯于关注孩子缺点的家长，想要完成这种转变真的是挺难的。这不是因为我们前文提到的长久以来的固有观念，而是由我们的心理机制所决定的。但是，我们必须要跨过从知道到做到的这道坎儿，毕竟，只有能够落地才是有价值的。现在我们就开始这场从知道到做到的心理旅程，这个过程中我们需要面对四个障碍，这四个障碍都跨越了，就会发现，关注孩子的优势还是能够做到的。

选择性关注

选择性关注，又叫作选择性注意。选择性注意是我们大脑对外界信息的一种过滤机制。所谓不同人的眼中有不同的世界，就是这个原因。我们讲熟视无睹、视而不见，其实就是选择性注意对信息进行过滤后的结果。那么，是什么因素决定了我们过滤掉什么信息、接受什么信息呢？就是我们内心的意见、观点和兴趣。只要是我们感兴趣的或者是符合我们观点和意见的信息，就会被允许接受。而只有这些被大脑接受，并作出反应的信息，才算是真正意义上的看到。那些不符合自己的意见和观点以及不感兴趣的信息则会被过滤掉。虽然眼睛看到了，但是因为在认知过程中被过滤掉了，大脑拒绝接收，我们的感觉就是没看见。这种情况在心理学上叫作"非注意盲视"，这种情况非常常见。为什么有那么多人会在婚后感慨自己在恋爱的时候眼瞎了？很多人觉得眼瞎不过是一种修辞，但是从认知心理上来说，这可能就是事实。恋爱的时候因为喜欢，我们通常只能看到对方的优点，那些缺点就被选择性注意给主动过滤掉了，这时候看对方，怎么看怎么喜欢。而到了婚后，情感慢慢降温，选择性注意机制过滤的内容随之发生了改变，对方的优点被过滤掉了，我们能看到的就只剩下对方的缺点了。

说了选择性注意对我们认知的影响，现在我们来说说选择性注意存在的原因。我们为什么会过滤掉一部分信息，而不是全部接受呢？那是因为我们大脑的"带宽"不够。这个世界向我们传达的信息过于复杂，而且时刻都在发生着变化，这当中的某些重要信息又需要我们保持高度的专注。但是，我们的大脑对信息的处理能力有限，为了保证我们能够随时应对外界的变化，又能够保持对某些信息的专注，迫不得已，就只能以牺牲某些信息作为代价。所以，选择性注意是我们的大脑在认知世界过程中不断进化的结果。

我们再说说，认识选择性注意的好处。如果我们意识到它的存在，就可以主动选择要关注的点和过滤的点，比如，我们可以主动选择关注孩子的优点而不是缺点。而且选择性关注还有一个好处，那就是我们一旦选择了关注的内容就会主动屏蔽掉其他的内容，这样我们就可以运用选择性关注有意识地对关注的点进行引导了。

负面偏见

首先要说明的是，我们总是习惯性地关注孩子的缺点，是由我们的大脑构造决定的，所以就算我们真的关注孩子的缺点多过优点也不要害怕，不必焦虑，因为在这一点上，我们大家都是一样的。这种因大脑的结构而导致的结果，心理学上称为"负面偏见"。负面偏见会让我们下意识地更快、更经常地看到事物坏的一面，而且负面偏见对我们的影响几乎可以说是自动化的，很多时候它明明已经影响到我们了，可是我们还没有察觉。为什么我们经常会不明缘由地就关注到孩子的缺点？这都是因为下意识地受到了负面偏见的影响。

负面偏见为什么会存在？这是由我们的安全保护意识决定的。我们可以把负面偏见看成安置在我们大脑当中的一道安全警报装置。一旦有潜在的威胁存在，负面偏见马上就会启动，然后把更多的注意力聚焦在这个区域，以保证我们不会被突如其来的意外伤害到。我们经常说的那种说不清道不明的不安的感觉，其实就是负面偏见在提醒我们要注意环境当中的潜在威胁。

负面偏见存在的好处在于能够及时提醒我们那些潜在威胁的存在，使我们免于受到伤害，不好的地方就是容易使得我们的注意力集中在那些不好的东西上。从优势教养的角度来看，负面偏见的显然是负面作用大于正面作用，让我们总是注意孩子的缺点而忽视他的优点。比如说孩子每次考试的成绩，其他各科成绩都非常不错，只有一科成绩不怎么理想，这时候我们往往会把更多的注意力放在成绩较差的科目上。作为家长，相信我们都有过这样的体验。所以，当你满眼都是孩子的缺点，甚至觉得孩子简直一无是处的时候，你就需要警醒了，你得告诉自己：孩子实际上可能并没有这么糟，我可能是受到了负面偏见的影响。然后重新分配自己的注意力，有意识地减少分配在缺点上的注意力。认识负面偏见的意义正在于此，让我们下意识地更加关注孩子缺点的时候，能够有机会重新对注意力进行分配，从而看到原本没看到的孩子的优点。

投射

投射会造成一个非常有意思的现象，看别人的时候我们会更加容易注意到他身上的缺点，但是当我们看待自己的时候，情况就翻转了过来，我们最不容易看到的就是自己的缺点。为什么有那么多的人总是自我感觉良好？为什么古人说"知人者智，自知者明"？就是因为看到别人的缺点远比看到自己的缺点容易，这就是投射在影响着我们的心智。投射是我们心理的一种防御机制，说得简单形象一点就是推卸责任。我们的认知可以分为积极认知和消极认知。

积极认知让我们自我感觉良好，消极认知让我们感觉很不好，而人的本性是讨厌自我否定的，所以我们就发展出了这样一种防御机制，用来过滤自己消极的一面，放大积极的一面。当消极的自我认知开始对积极的自我认知进行质疑的时候，我们就会本能地对积极认知进行修复。这个修复的方法就是下意识地把自己的弱点转移到别人身上，就像老式电影放映机把图像投射到屏幕上一样，所以，我们把这种防御机制叫作投射。心理学上的投射指的是把自己的负面形象投射到别人的身上，这样我们就自欺欺人地认为看到了别人身上的缺点，这样就算是完成了对自我积极认知的修复。

认识到投射对我们认知心理的影响，能够让我们看待孩子的缺点时保持足够的清醒，从而跳出投射的圈套。我们在前文讲父母情绪觉醒的时候说过，很多时候，父母情绪失控是因为触及了自己的情绪暗礁。这个触及情绪暗礁的过程，其实就是投射影响发生的过程。当我们在孩子身上看到某种让自己讨厌的品质时，就控制不住地想要发火，我们认为这是作为家长的责任感爆发，是恨铁不成钢，其实，这可能受了投射的影响。我们发火的真正原因是我们不愿有这么一面镜子投射出自我。我们可以想象一下，越是做事没有条理的家长，越是不能接受孩子做事没有条理；越是内向的家长，越是不能接受孩子的内向，我们可以回想一下，看看是不是这样。

所以，当我们对孩子的某些缺点感觉不能忍受的话，不妨换个方向考虑问题，这可能是投射在影响着我们，我们完全没有必要过度关注他。

二元对立思维

二元对立思维是一种基于经验主义的简单思维方式，简而言之，就是"非此即彼、非彼即此"。这种思维方式的产生是为了保护人的脆弱性，当面临选择的时候，我们往往会基于过往经验迅速作出决策，对与错，好与坏，输与赢，优点与缺点……我们要记住：二元对立思维并不能完全反映现实，我们看待孩子不能只看到孩子的一面，更不能把劣势和优势看成完全对立的两个极端。记住了这两点，我们就能够不再被孩子的缺点劫持更多的注意力，而且我们再看到孩子的缺点时也不会再那么敏感，不会再那么厌恶孩子的缺点，不再为此而难以自持了。

第三节　让负面思维短路，打开优势教养的开关

　　从关注孩子的缺点到关注孩子的优点，这个开启优势教养的过程确实比较难。虽然我们分享了更好地关注孩子的优点必须要了解的几个心理机制，但是要想把这些变成一种习惯甚至是本能，还需要一段不短的时间。那么，这个过程中我们要怎么更好地关注孩子的优点呢？有位家长分享了她在这方面的一些心得。

　　她说她以前也是那种特别善于发现孩子缺点的家长，了解到优势教养的好处之后也想尝试着改变。可是真的去做了才发现，这比想象的难得太多了。不过，经过一段时间的尝试，感觉有一个办法挺有效的。每次在跟孩子沟通之前，她都不断地暗示自己，她不断地对自己说，你要坚信你的孩子是优秀的，虽然他身上还有不少缺点，你要让自己坚信他身上还有比这更多的优点，只不过这些优点都被隐藏起来了，你轻易发现不了而已。为了能够证明这一点，她给自己定了一个任务，每当看到孩子的缺点心生不快时，她要求自己一定要及时停下，然后至少找出孩子身上的一个优点，如果可能的话最好比缺点再多一个。

　　她跟自己作了一个约定，等她找到这些优点之后，才可以再来关注孩子的那个缺点。然后跟他一起聊聊那个缺点，一起商讨关于

那个缺点的后续事情。自从她跟自己作了这个约定之后，发现自己在孩子的缺点上所倾注的关注越来越少了。而且，孩子身上的那些缺点，改正起来也容易了很多。她也不知道这到底是什么原因，但是她知道这种方法效果很好。所以，她把这个心得告诉了我，希望通过我把这个方法传播出去，以帮助更多有这些烦恼的家长。

看到她的这个分享我真的觉得我们的家长真是太聪明了，因为工作的原因，我需要阅读大量亲子类的书籍、文献，也会接触很多的家长和他们的孩子。这个过程中我越来越觉得，很多尚未普及开的前沿研究成果里的理念和方法，其实早就有家长在进行实践了。只不过他们并没有形成系统的理论，没有提炼出具有普适性的原则而已。有时候，会让你很难分清楚到底是谁走在前面。专家们是研究者，家长却是坚守一线的践行者，他们的聪明智慧一点都不比专家逊色。就比如这个乐于分享的家长，她所分享的这个心得在优势教养的研究中有一个对应的概念叫作"优势开关"，这个概念出自莉·沃特斯的研究，两者有着异曲同工之妙。或者，我们也可以把这位家长的心得定义为朴素版的优势开关。

我们可以把优势开关理解为一个认知心理当中的断路器。它就像我们大脑中的一个开关，只要拨动它就能在第一时间关闭负面思维，打开正面思维。用在优势教养上，它的作用在于能够及时提醒，并促使我们成为一个从优势出发的家长。它会让我们学会先看看孩子做对的地方，然后再去看孩子究竟做错了什么，也就是先看孩子的优点，然后再看孩子的缺点。这样做的好处不仅能够让家长们不再被负面思维牵制注意力，还能够从孩子的优点当中汲取经验和方法，并用来应对缺点。而且，当我们的关注点从孩子的优点转移到缺点的时候，我们的心态通常是比较平和的，情绪也会缓和很多，可以最大限度地减小给孩子带来的压力，对和谐的亲子关系也是很好的保护。莉·沃特斯认为，看到孩子的缺点感觉不快后第一时间要做几次深呼吸让自己的情绪平复下来，然后再拨开优势开关，关闭负面思想。接着再去分析，自己对孩子缺点的关注到底是因为选择性注意，还是负面偏见，抑或是投射的影响，再或是二元对立思维在作怪？做这些思考分析的时候，我们的大脑才能保持足够的冷静。

她说那些阻碍我们关注孩子优点的心理机制不会凭空消失。优势开关作为最简单、最易操作的转换机制，要想熟练使用同样也需要一些练习，好在这个练习并不难，只需要我们抓住先机，在负面情绪尚未发酵之前就去拨开它，而且还要一次比一次更加迅速，这是练习优势开关最有效的方法。然后她还分享了优势开关在一些具体使用场景下的操作建议：

从相对轻松的情况开始，最好是在那种不会惹恼自己，不会让自己有太大压力的情况下使用优势开关。

在小事尚未升级为重大争议时使用，比如说孩子吃饭慢、写作业不专心等看似不重要的事情，一定要在矛盾还未升级时使用，否则这些小事随时都会演变成重大争议。

选择一个优点。在自己被负面思维干扰的时候，请选择孩子身上的一个优点，并以此作为契机引导自己改变对孩子的感观。这非常有利于我们摆脱业已形成的负面情绪。

发挥想象的力量。如果优势开关来不及开启，那就充分发挥想象的力量。想象一下优势开关被开启后的情况，告诉自己只要优势开关被开启，情况就会发生很大的改观。如果来不及重新寻找孩子的优点，那么请充分发挥想象的力量。想象一下发现孩子的优点时的感受，为我们真正找出孩子的优点争取更多的时间。

把孩子的优点大声说出来。当你找到孩子的优点时，不要迟疑，一定要在第一时间，及时、认真地告诉孩子。因为被负面思维左右的并不是只有家长，孩子这时候受到的影响可能比家长还要大。一定要把孩子的优点告诉他，让他的注意力也从缺点转移到优点上来。

莉·沃特斯的这些建议，对一些新手来说非常重要。但是我们现在还要说说莉·沃特斯并没有说的事情，这些感悟来自我在反复实践当中对这一理念的一些心得，也算是我们对优势开关使用方法的一些拓展和补充。我们在讲那位家长对心得的分享时有一个细节，她说使用这个方法之后原来很难解决的问题都变得比较容易了，她说自己也不知道是因为什么。现在我们就一起来揭开这个谜底，希望这个答案能够给更多的家长带来启发。

这个问题的答案就是，她自己在使用优势开关的时候无意间触发了孩子的优势开关。虽然她在做这些事情的时候并不知道，她正在做的事情有人把它称为优势开关，更不知道家长的优势开关被打开，能够改变家长对孩子的态度；孩子的优势开关被打开，他的注意力也会从自己的缺点转移到优点上来，改变的是他对自己的态度。家长态度的改变，对孩子来说不过是一种外因。而孩子对自己态度的改变，改变的却是内因。我们知道，再怎么重要的外因都需要通过内因的改变来促使问题的解决。所以，一旦解决问题的主体内因发生了改变，那么问题自然就迎刃而解了。

再说得具体一点，我们所有人都有一个自我身份认知和定位的问题，也就是我们经常说的身份设定，这个身份设定很大程度上决定了我们的思想和行动。我们可以简单理解为，我们认为自己是什么样的人，就会做符合这个人设的事情。如果孩子觉得自己是个优秀的人，他就会下意识地用优秀的标准来要求自己，做符合这个标准的事情，会自发地改正一些错误，消除一些缺点。虽然他自己可能都没有意识到，但是这种动力是任何外因都比不了的。但是如果孩子认定自己是一个笨孩子，那就会做笨孩子才会做的事，对自己的要求就会低很多。这样一来，很多问题解决起来就太难了。

所以，聪明的家长从来不会跟孩子说"你是个笨孩子""你怎么那么傻""我从来没见过你这么调皮捣蛋的孩子"之类的话，怕的就是导致孩子给自己贴上负面标签。一旦孩子认定自己就是家长所说的那种人，接下来的事情可就很难挽回了。而帮孩子打开优势开关其实就是在帮孩子做一个正向的自我身份设定，并以此来调动孩子的主观能动性，结果就像那位家长所说的，很多原本很难解决的问题现在解决起来变得容易多了。

现在，我们应该明白了，优势开关不仅对家长有用，对孩子同样有用。而且从解决问题的作用上来讲，打开孩子的优势开关比家长自己打开优势开关还要重要得多。所以，打开孩子的优势开关就成了比家长自己打开优势开关更重要的事情，而打开孩子的优势开关其实并不难，只需要家长将自己打开优势开关的过程跟孩子同步即可。我们按下暂停键的时候，告诉孩子；我们的情绪得以缓和的时候，传导给孩子。我们要找出孩子的优点，跟孩子一起发现了他的优点，一定要及时且认真地告诉他。这些事说起来有些烦琐，但是做起来却很简单，简单到那位分享心得给我们的家长在不经意间就完成了这些操作。这些也算是我们在多次践行后对优势开关使用时的一些延伸和补充。

第四节　盘点和发现，亲子的优势清单

　　我与女儿的关系算不上多亲密，在她的成长过程中，爸爸的陪伴更多一些。直到几年前，她突然约我在她公司附近的咖啡店见面，她希望我像对待我的客户一样给她做一次正式的辅导。在接下来的几个小时，我们一起梳理了她具备的所有优点，探讨了她的这些优点对她过去的人生的帮助，引导她系统思考了该如何有效利用这些优势助力她将来的人生，我也就如何避免因优势而受到伤害，分享了一些个人的看法。

　　时至今日，我与女儿的关系已经亲密无间，她曾不止一次告诉我，我对她的那次辅导，对她的人生意义重大。我曾认为自己非常了解女儿，她的优秀有目共睹，但我们之间的那次谈话还是出乎我的意料。比如，她居然没有意识到她的运动能力是她的一大优势，长久以来，我竟然也忽略了这一点，因为我们家人都已经形成了运动的习惯。我问了很多关于同事、朋友如何看待她喜爱运动、她从运动中得到了什么的问题。在随后的几年中，她不自觉地便将这种优势放大了，在公司里还成立了一个运动团体，并成为该团体的教练。

　　实际上，对女儿的这次辅导也给我的职业生涯带来了很大的

影响。作为心理学领域的从业者，我自认为知道女儿一切需要我知道的东西，但与女儿的这次交流让我意识到了自己的局限性，原来我也一样，会把客户的某些优势当作理所当然的事情。也是从那时起，我在面对客户的时候，会下意识地让谈话回归到他们的优势上去。实践证明，效果非常不错。

这是一位长期从事积极心理学研究的妈妈分享出来的，她给我的感觉相当震撼。长期接触孩子和家长，我深切地感受到他们真的是太需要这么一场对话了。毫不夸张地说，如果这个方法用得好。这场谈话完全有可能成为亲子关系的拐点，也完全有可能改变孩子今后的人生走向。所以，我也迫切地想要把这个案例分享出来。然后再跟大家一起对这个案例进行剖析，力图从场景中提炼出几个抓手，来帮助我们更好地完成这类谈话的复制和迭代，以便帮助更多的家庭。

为了便于理解，我们把这场谈话称为优势盘点。而我们的这趟优势盘点之旅，又可以从两个层面进行解读。第一个层面的优势盘点指的是对优势本身进行深度解析。我们讲优势教养，但是孩子的优势和优点具体又是些什么呢？在很多人的认知当中，这其实是一个模糊不清的概念，经常会把几个维度的特质混着说，至于说到底什么才是优点和优势，自己也搞不清楚。所以，这种情况必须改变。我们第一个层面的盘点便是要解决这个问题。第二个层面的优势盘点，指的就是对孩子身上的优点进行盘点。第二层面的优势盘点的要诀在这场谈话之中，而第一个层面的优势盘点的功夫则是在这场谈话之外。我们可以理解为，第一个层面的优势盘点是基础，是进行这场谈话的必要准备，而第二个层面的优势盘点则是对前者的实践运用。两个层面的优势盘点的含义和它们之间的关系是我们首先需要理解的。

现在我们来说第一个层面的优势盘点，以解答到底什么是优点、优势的问题。我们先说最核心的理念：积极心理学上所讲的优点，既可以是技能、能力，比如会唱歌、会画画、会弹琴等，这些能力特质我们通常称之为天赋。还可能是个性、特点，比如热情、开朗、幽默等，这种来自孩子性格中的积极面我们称为人格特质。这些特征都可以算是孩子的优点，而这些优点又都是孩子成长发展的优势。所以，我们讲要给顺势发展的机会和环境，人格特质和天赋就成了两种最重要的标靶。也正是因为如此，这本书的前几章内容我们更加侧重孩子的天性解放，后面的内容我们则更加侧重孩子的天赋引导。当我们对优势成长的优点和优势梳理明白之后，我们这本书的内在逻辑也就变得更加清晰明了了。

需要注意的是，人格优势和天赋优势并不是孤立存在的，它们之间通常会呈现出多种形态的组合，比如擅长演讲的孩子，性格特征上可能会更加热情、开朗；擅长绘画的孩子，性格上可能会更加沉稳、有耐心。所以，要想做好第二个层面的优势盘点，我们就必须重视他们之间的这种相辅相成的关系。

了解了什么是优点和优势之后，我们再来探讨一下如何利用一场优势谈话来对孩子的优势进行判断。关于这场优势谈话，我需要说在前面的是：不同于我们案例当中所看到的那位有心理学研究和从业背景的妈妈，也不同于那场对话展开的社会环境。我们要想展开这么一场谈话，一定要有准备。这个准备并不只是我们刚刚做过的对于第一层面的优势盘点的了解，这不过是必要的理论储备而已，除此之外，最起码还要有个完整的预案才能算是做了准备。为什么我们打算做这件事之前这么费事呢？除了上文说的两个原因之外，还有一个现实就是家长们眼里的孩子跟真实的孩子区别真的是太大了。

实事求是地说，几乎每个孩子都有两副面孔。一副是给家长和老师准备的，另外一副是给同龄人和小伙伴准备的，而且这两副面孔的区别之大往往超出家长的想象。所以，我们现在越来越注重学校和家长之家的互动。几乎所有的班级都有家长群，某些情况下老师还会进行家访或者请家长到学校里进行必要的沟通。出于某些原因，在很多家长眼里，被老师请到学校并不是一件愉快的事情。他们对此都颇有微词，觉得这是不光彩的，甚至觉得老师有推卸责任的嫌疑。但是我们依然要说，这种沟通确实是十分必要的。因为你很难想象，有多少家长听到老师反映的情况之后的第一反应竟然是："不可能，我们家孩子绝对不会这样。"就是因为孩子在家长面前和在学校里的表现差距太大了。但是这并不是孩子的错，我们发现，那些亲子关系非常和谐的家庭，家长们对于孩子情况就掌握得比较全面。我们在前几章当中反复提到的父母的觉醒，其实就是为了打造这么一种亲子关系，让孩子敢于在家长面前绽放自己，这样我们的优势教养做起来就会轻松很多。但是，以大多数家长对孩子的了解情况，我们必须要做好足够完整的预案才能开始这场谈话，不然可能无法取得我们期望的效果。现在来列举一下这个预案应该包括的内容。

找到更多了解孩子的渠道

加深对孩子的了解，是我们首先要做的准备工作，因为对孩子的了解程度决定了我们对这场谈话的掌控能力。关于这一点，家长千万不要盲目自信，认为自己的孩子自己最为了解。事实可能是你对自己的孩子知之甚少。所以，加深对孩子的了解就成了这场谈话预案当中的重要部分。在这个预案当中，你最起码得找到明确的了解孩子更多信息的渠道。比如去学校跟孩子的老师们聊聊，或者是与孩子身边要好的朋友谈谈。

注意观察和发现孩子的优势

跟案例当中的情况不一样，孩子并没有对家长发出优势谈话的要求。家长作为这场谈话的发起者和主导者，自然应该做好抛砖引玉的准备。在谈话开始之前的一段时间内，家长有必要加强对孩子的观察，并把发现的优点记录下来，以保证进行谈话时自己有话可说。

设计话术，引导孩子发现优势

既然是要抛砖引玉，自然就要想办法让孩子开口。对于亲子之间一起发现的优点，孩子自然会有更深的印象，而要想从对话中发现孩子的优点，就需要提前设计话术。下面是发现孩子优势的三种提问方式，具体的语言可以自己组织：

我发现你在绘画（其他）上做得比其他人都好，你是怎么做到的？

我发现你在游泳（其他）的时候特别投入，你很享受这个过程吧？

能不能跟我分享一下，哪些事让你觉得特别自豪？

三个问题的核心分别是他擅长做的事、他最有热情的事和他既擅长又有热情的事。而擅长和热情同时具备的事，就是孩子的天赋所在，当然也就是孩子的优势所在了。

做好了这些准备，就意味着你已经做好了一个不错的优势谈话的预案，然后就是找一个合适的机会与孩子一起展开这场优势谈话了。需要说明的是，我们不能把优势谈话看成一次性的，事实上，这应该是一场无限循环的游戏。跟孩子约定，这只是个开始，之后不管是谁发现了孩子新的优点，都有权重新开始，然后利用我们在第一层优势盘点当中所了解的内容，对孩子的优势进行新的盘点。同时，进行这场谈话时别忘了告诉孩子，我们盘点优点，并不是否定他的缺点，相反，我们反而要更加坦诚、客观地看待缺点。我们盘点优点，实行优势教养，都是建立在坦诚面对缺点的基础之上的，只不过，优势教养要求我们，在看待孩子的时候要先关注孩子的优点。

第五节　核心优势，优势的引导需要取舍

当我们对孩子实行优势教养，将注意力从孩子的缺点转移到优点上时，家长就感觉好像拥有了一个"别人家的孩子"，不管从哪个角度看，自己的孩子满是优点。其实孩子还是那个孩子，只不过我们看待孩子的眼光变了。尽管如此，家长们还是会因为发现孩子身上众多的优点而无比兴奋，但是很快这种兴奋就被另外一个甜蜜的烦恼代替。

有位家长这样说："老师，你说做家长的是不是天生就是操心的命。以前总是盯着孩子的缺点看，怎么看怎么觉得比不上别人家的孩子。看着孩子那么多的缺点，真为他将来的发展愁得慌。尤其是看着他那一副满不在乎、不思进取的样子，真希望这孩子是在医院抱错的，哪天还能换回一个听话的孩子来。但是现在情况不一样了，我们的思想转变了，学会关注孩子的优点了。这么一转变也确实发现了孩子身上我们以前没注意到的优点，那种感觉真的就像是被错抱走的孩子给换回来了似的，别提有多开心了。可是开心过之后，很快就有新的烦恼找上来了。没错，做家长的都希望孩子能够做最好的自己。我们也是真的想让孩子的优势得到进一步的引导和培养，但是当我想着怎么引导和培养的时候，却不知道该从哪里

下手了，总不能所有的优点一把抓吧？这也算是一种甜蜜的烦恼了吧，但是这种烦恼怎么看都有矫情的嫌疑。"

这种半吐槽、半调侃的表述后面藏着一个迫切需要解决的问题。这并不是家长的自夸或者是矫情，进化心理学研究表明，我们身上的优点要远远多于缺点，否则我们也没有可能在这个世界上存活和发展这么久。所以，当你从孩子的身上发现的优点越来越多，比之前满眼的缺点还多的时候，不要怀疑，这就是事实。但是这个事实就是甜蜜的烦恼的源头，也是我们迫切需要解决的问题。要解决这个问题，我们需要提起一个新的概念叫作"核心优势"，找不到孩子的核心优势，这种甜蜜的烦恼很快就会变成真正的烦恼。

核心优势又被称为天然优势，指的是孩子身上那些比别人优秀的、能激发孩子热情的、让孩子忍不住想要经常去做的事情，以及这些事情所对应的能力和孩子身上具备的特质。如果是天赋型优势，那就是不需要付出比其他人更多的努力、不用进行刻意练习、不用依靠意志力咬牙硬撑自己下意识地就能做得比其他绝大多数人要好的事情。如果是人格型优势，指的就是不需要刻意表现，在不经意间就能展露出来的特质。简言之，天赋型优势就是轻轻松松一上手就能做好某件事情的能力，人格型优势则是完全出于自然而流露出的特质。核心就是两个词，先天、自然。或者从另外一个角度来看，一个人的核心优势就是他之所以成为他的特征，如果去掉这个特征，他也就不再是他了。

这么阐述条理性可能还是不够强，为了更加便于大家对核心优势的理解，我们借用一个"盖洛普优势"的概念。盖洛普优势是由美国优势心理学家之父唐纳德·克利夫顿提出并主导设计的，是一个用来识别个人隐性天赋、潜在优势、驱动力来源的评估体系。我根据实践经验对盖洛普优势进行了提炼，得到了关于核心优势的三个关键因素，它能够帮助我们更加深刻地了解核心优势，并有助于我们去发现孩子的核心优势。

结果、表现

这是优势判断最直接、最基础、最容易把握的一个因素。天赋型的优势就是要看结果，如果看不到一个好的结果，就无法证明一个人在某些方面要比别人更擅长，那无论如何都是不能被称为核心优势的，甚至就连优势都算不上。而人格型的优势则是要看表现，如果不能从日常细节中表现出来，不能在某些方面表现得比他人突出，自然不能被称为优势，更不会是核心优势。所以，结果和表现是我们了解一个人核心优势的第一个关键因素。

热情、能力

我们在说天赋的时候说过一种情况，有些事我们虽然擅长却不怎么愿意做。也就是说，在这种事情上我们能做好，能获得不错的结果，并且还能比别人轻松得多，但是我们并不喜欢去做，面对这些事，我们总是缺乏热情，更不愿意将其作为长期的事业来追求，这就不是我们要了解的核心优势。而人格型优势，我们看的是能力。我们需要对这个能力作更进一步的解释，你在表现出某种特质时有没有非功利性的愉悦感，如果有，那么能力就是这种愉悦感的来源；如果没有，那也不是我们想要了解的核心优势。

我们判断核心优势的第二个关键因素就是热情和能力，热情对应的是天赋型优势，能力对应的是人格型优势。

使用频率

有没有经常去做一件事情，决定了我们在这件事情上能否有持久和完美的表现，所以使用频率就是在上文两个关键因素之后的第三个关键因素。如果没有很高的使用频率，就算是对这件事情我们既擅长又有热情，同样也不能算是核心优势。

这就是我们要分享的关于核心优势的三个关键因素，它们分别是结果、表现，热情、能力，使用频率。当我们用优势教养的思维来重新审视孩子的时候，会从孩子身上发现很多优点，但是并不是每个优点都能发展为孩子将来的决胜优势。了解了核心优势概念和核心优势的三个关键，我们就等于是向积极心理学家借来一双慧眼，凭此便能准确地找到核心优势，然后再进行重点引导和培养。如此，我们的孩子才能成为最好的自己。

我们再把思维顺着核心优势这个话题稍微延伸一下，既然有核心优势，那必然会有非核心优势。那些非核心的优势又该怎么划分和管理呢？现在我们就来了解两个非核心优势。

成长性优势

成长性优势可以算作准核心优势，相当于说孩子在做一件事的时候，有足够的热情，也能够给出很好的结果，但是因为种种原因，导致这不是一个稳定的结果，比如使用频率不够等。因为这种情况出现的频率不是很高，所以并不容易被发现。但是如果家长足够细心，也足够有勇气，能够及时为孩子营造合适的环境，并尽力提供一切必要条件，以提高孩子对这件事的使用频率，这类成长性优势也是有可能成长为孩子的另一个核心优势的。只不过要引导和发展成长性优势，对家长和孩子来说都是不小的挑战。如果成长性优势如我们所期望的那样成长为孩子的核心优势，家长优势教养的水平将会得到很大的提升，孩子也会因此而获得前所未有的成就感和自信心。但是，如果失败，因此而来的挫败感也是同等的。因为提高使用频率所需要的环境和必要条件，并不是一朝一夕就能实现的。

习得能力

习得能力就是那些靠后天的勤奋努力而带来的优势。这里我们需要说明一下，我们讲核心优势和成长性优势，它们有一个共同点，那就是它们都有先天的基因在里面。我们讲优势教养当中的优势，包括我们说顺势成长，都是建立在这个基本认知基础上的。我们讲顺势，顺的就是孩子的优势，而孩子的优势就是孩子先天基因中携带的优势密码。所以，这第三种优势我们用"习得能力"来指代，因为本质上它并不是一种优势，而是靠勤奋刻苦的后天努力而习得的一种能力，只不过很多时候它看起来像是优势。当然，我们并不是宣扬先天决定论而否定后天努力的重要性。相反，我们非常看重后天努力，但是高价值的后天努力都应该是建立在顺应先天优势的基础上的。同样是努力，不同的人得到的结果是截然不同的，这是因为每个人的优势当中的先天密码是不同的。同样是一个人的后天努力，放在不同的地方，结果也会大有不同，这是由他优势当中的先天密码所决定的。对于习得能力，我们一定要分开先天和后天的不同。也许后天的努力能够让我们习得中上水平的能力，看起来像是优势，但是想要决胜，光靠习得能力是不够的。

在这里我们再分享一下宾夕法尼亚大学的斯科特·考夫曼博士和安杰拉·达科沃斯博士共同研究的优势发展公式：

优势发展=能力×努力

这里面的努力自然就是后天的努力，而能力就是孩子先天基因里面的那一点优势。只有先天的优势和后天的努力结合在一起，孩子的优势才能得以发展和成长，我们的优势教养才能结出硕果。

第七章

让天赋自发生长，优雅且高效地顺势成长

第一节　由关键到自驱，从解放手脚开始

"创造性不是教出来的，因为凡是能传给他人的，一定是可以重复的，而可以被他人重复的，则一定不具有创造性。创造性就像是一粒种子，需要土壤、阳光、雨露、空气，在自然生态的选择中生根、发芽、开花、结果。如果这粒种子被放在适合的土壤中，提供适当的气候条件，并给予精心的灌溉、除草、施肥，它就能枝繁叶茂，硕果累累。学校教育就好比是对自然生态的优化，它有能力为学生营造一种更加适合创造性发展的教育'小生态'，使学生置身其中，各取所需，各得其所。"

这是华东师范大学陈玉琨教授在他的《教育：从自发走向自觉》一书当中的一段话。陈玉琨教授原意是用这段话说明创造性是涵养出来的，它需要一个各方面条件都合适的小环境。陈教授用自然界的"小生态"来比喻这个小环境，当然他所说的这个小环境指的是学校。对于陈教授的这个观点，我深表认同，而且，他的这段话，跟我们这一章的主题也是高度契合的，所以，我们就借用陈教授的这段话来聊聊我们这一章的主题。

我们这一章的主题是让优势开启自发生长，就像陈教授说的创造力不是教出来的那样，优势也不是教出来的，它只能被发现和引

导，然后在先天基因的作用下自发生长。而优势的自发生长跟创造力一样，需要合适的生态。所不同的是，创造力的生长需要一个小生态，优势的自发成长则需要一个大生态。陈教授说的小生态指的是学校，而我们说的大生态指的是整个社会的大环境。优势教养所需要的这个大环境，并不需要我们刻意去打造，但是需要我们把孩子放到这个真实的环境中去。

人民教育家陶行知先生曾经说："我们发现了儿童有创造力，认识了儿童有创造力，就须进一步把儿童的创造力解放出来。"他还提出了具体的"解放"方法，即解放孩子的头脑、双手、嘴、空间、时间，使他们充分得到自由的生活，并从自由的生活中得到真正的教育。陶先生的话可以理解为：我们发现了孩子的优势，认识了孩子的优势，就必须进一步把孩子的优势解放出来。要解放孩子的头脑、双手、嘴、空间、时间，使他们充分得到自由的生活，从自由的生活中得到真正的成长和发展。

为了让孩子能够顺势成长，让优势教养能够落地，让每个孩子都能成为最好的自己，我们将围绕"解放"这个核心关键词，进行一些剖析。解放孩子的头脑，让孩子都能自由、主动地思考问题；解放孩子的心灵，使他们的个性得到伸展。同时，我们还要拆掉家长人为打造的"无菌室"，把孩子放到真实的社会环境当中，解放孩子的眼睛和手脚，让他们跟这个真实的大环境融为一体。

有这样一个男孩，小时候聪明、好学、懂事。爷爷奶奶经常在别人面前夸自己的大孙子。在他小升初之前，家里出现了变故，爸爸妈妈因为各种原因分开了。因为妈妈没有稳定的工作，他的抚养权归了爸爸，爷爷奶奶因为记恨妈妈，拒绝妈妈的探望，从小学一直到高中，妈妈也一直没能陪伴他。高三上学期时，在县城的普通高中的普通班，他的成绩已经落到倒数第三名，眼看着高考越来越近，班主任也开始有意无意地无视他的存在。

他是个自尊而敏感的孩子，可能是妈妈不在身边的这些年，自己承受了太多。他想要学习，想要取得好的成绩，他也真的去学了，所花费的工夫比别的同学还多。但是成绩一直都在下降。被老师无视之后，他就不再去学校。在外打工的爸爸顾不上管孩子闹情绪的事，爷爷奶奶情急之下便开始以死相要挟，但是孩子没有妥协，还以绝食回应，他是真的认真了。

一向强势的爷爷奶奶彻底慌了神，而性子沉闷又没读过书的爸爸一如既往的没主意。无奈之下，他们只好让孩子的妈妈过来劝劝。见到妈妈后，他们进行了三次长谈，孩子的态度依然很坚决，不会再回学校。谈到日后的打算，孩子就是三个字："不知道。"

接下来的三个月，妈妈请了长假带着孩子到处玩。妈妈说一半时间我陪你出去玩，这是我欠你的；一半时间你陪我拜访朋友，妈妈平时工作忙，好长时间没见过他们了。奇怪的是，每次跟妈妈出去，她的朋友不是在公司加班就是在家里办公，还有的竟然在咖啡厅办公。他们谈的也都是工作上的事，还经常会现场演示。大部分时间，他都在一边静静地听着，因为听不懂所以他也不怎么感兴趣，直到有位供职于世界500强的高级软件工程师坐在他面前……

妈妈讲这个故事的时候，这个男孩已经在一家软件公司工作两年了，他是公司的软件工程造价师。谈到当年儿子人生的转折点，她说后来的学习过程确实很难，因为没有过硬的学历，找工作也很难，但是最难的，就是那三个月，那是帮孩子打开眼界的三个月。

　　"帮孩子打开眼界的三个月"这句话打动了我。孩子确实需要家长帮忙打开眼界。不只是这个男孩，很多孩子对社会的认知都非常有限，他们不知道钱是怎么来的，父母是怎么工作的，社会上有多少种岗位和职业，每个工种又需要什么样的技能和知识支撑。不是他们不想去了解，而是家长不允许他们了解。长久以来，他们不是生活在社会这个大环境里，而是生活在父母为他们编织的小环境里。现在有种社会现象，商人家庭出身的孩子，目标确定得要比别的孩子更早、更明确。而有些孩子，上学期间一个目标——考高分，工作期间一个目标——挣更多的钱，至于说自己想要做什么，很多孩子都没考虑过，说到自己到底合适干什么，选择的标准只有一个——什么好找工作就做什么，什么挣钱多就做什么。很多孩子在读书期间也会做做兼职，但是这种原本可以特别有意义的事情却有个比较糟糕的名字——勤工俭学，为什么这是个糟糕的名字，因为它的指向过于单一，很多以单纯挣点生活费为目的的孩子，当需要在简历上写社会实践的时候，很不容易出彩。

　　还是那个原因：不是他们不想，而是他们没见过，他们不可能想出自己从没看到过的事情。为什么有些孩子能够比别人更早地确定更明确的目标，就是因为见过，见过了眼界就打开了。从眼界这个角度来说，吃过见过真的就是一种资本。刚才故事里的那位妈妈，她说那三个月是最难的，就是因为她几乎动用了所有的人脉，给儿子采集尽可能丰富的工作样本，并把他们带到孩子面前，让他有个直观的认识，这就是她所说的帮孩子打开眼界。相对于那些具有天然优势的家庭，我们大多数家长都是普通的上班族，没有事业或者公司给孩子去见识。但是孩子眼界又需要被打开，怎么办？分享一个简单易行的方法，我身边的很多人都已经开始这么做了。

这个普通上班族帮孩子打开眼界的方法叫作"易子而教"，具体操作方式就是定期组织家庭聚会。举行家庭聚会现在不是什么新鲜的事情，同事圈、朋友圈、邻居圈、夫妻圈，每个圈层内的人都有机会带着家人聚在一起。但是目前的这种聚在一起更多的操作是，孩子们吃点喝点，家长们聊聊天。而我所倡导的以"易子而教"为目的的聚会，更像是主题沙龙。每期都会有家长分享自己工作的故事，有条件的还会带着孩子一起去参观甚至让孩子自己动手体验。这样，家长就为孩子打通了一条开眼看社会的渠道，孩子通过这条渠道，能够看到一个微缩版的社会。孩子们见得多了，也就能借此唤醒自身的优势。当你再问孩子，喜欢什么或者是将来想做什么的时候，他们不至于一脸迷茫地回答"不知道"。甚至在你发问之前，他们就已经两眼放光地跟你说他将来想要做什么了，这就是优势被发现时的样子。

第二节　解放手脚，在动态中发现优势

"试玉要烧三日满，辨材须待七年期"。我经常用白居易的这两句诗告诉家长，孩子的优势教养是个长期的过程。时间跨度大是这个过程的重要特点，这个特点我们在前文已经作过介绍。现在我们再来说一下这个过程的另外一种特点：积极尝试。我们说七年也好，八年也罢，这个过程当中孩子的人生应该是丰富多彩的，他应该有过很多有趣的经历，体验过很多不同的事情。如果孩子每天都在重复着同样的事情，过着一成不变的日子，家长就算是有足够的耐心和细心也只能看到单一的特质。

我们有句话叫作"遇事知人"，人只有在不同的环境下或者是在遇到不同的事情的时候才会展现出不同的特质。这就像我们对工具的运用，如果永远只做一件事情，那我们有可能永远都在使用同一种工具。为了发现一个人真正的优势，考察者会在这个过程当中有意识地让他做更多类型的事情，让他去面对各种情况。现在很多大型公司都有人才储备机制，和这个机制相匹配的还有一个轮岗机制。公司看重一个人才，想要培养后重点使用，就会让他进行轮岗，公司里几乎所有的岗位他都要做够一定的时间。管理者这么做的目的就是更好地发现他身上的优势，以便于把他放在更适合的位

置上。孩子的优势教养同样如此，这就需要家长要敢于解放孩子的手脚，敢于让他们去接触真实的社会。一方面孩子能够更好地跟社会这个大环境融合，另一方面家长也能在不同的表现当中看到孩子不同的特质。

一位做老师的朋友讲过他和一个特别的学生之间的故事。这个学生成绩并不好，这位老师是他的班主任。他在新生成绩表上看到这个学生的成绩时就开始头疼了，说这孩子将来指不定会有什么样的表现呢。果不其然，开学刚一个月，这个学生的各种问题就全暴露出来了。上学不是忘记带课本就是忘记带作业，自己听课不认真还去干扰别的同学。成绩不好果然是有原因的，可是一个月后的班会上，他因为一个问题更加认识到了这个学生的特别。

学生问他："老师，你说在咱们这里开烧烤店能挣到钱吗？"

这个问题引得班上的同学哄堂大笑，这个学生也被同学们的笑声弄得很是窘迫，紧张地站在那里，涨红着脸低下了头。这位老师见状赶紧让其他同学安静下来，然后认真地回答说："应该是能挣钱的吧？但是我不敢确定，因为老师也没开过烧烤店。只是，你是怎么想到要问这样问题的呢？"

这个学生说因为爸爸工作的原因，他们家刚刚来到这个城市没多久。看到城里的烧烤店比他们原来所在的城市要多很多，他觉得很好奇，所以就想请教一下老师。听学生说完这些，他对学生说："这个问题很有意思呀，这说明你很善于观察，也很善于思考。这个习惯特别好，老师要表扬你一下。但是老师真的没办法给你一个明确的答案，这样吧，咱们让其他同学也来回答一下这个问题。"

看到老师那么认真地对待这个问题，其他同学也纷纷发言。同学们都给出了自己的答案和理由，他们纷纷说着自己在吃烧烤时的感受和观察到的情况，还对不同的烧烤店进行了对比，有的同学竟然还对自己认为不赚钱的烧烤店提出了改进的建议，这些同样得到了老师的表扬。最后，老师还跟这个发问的学生说，这些都是别人的答案，可以作为参考，要是他愿意的话，可以自己去寻找答案。

这原本只是一个小插曲，可是这个小插曲却对这个学生产生了很大的影响。他上学忘记带东西的情况有了很大的改变，上课听讲的情况也好了不少，成绩也慢慢有了起色。更让老师没有想到的是，初二刚开学，这个学生就交给他一沓订好的报告，并且告诉他："老师，我觉得我们这里的烧烤店，只有不到一半是挣钱的，有一些是不怎么挣钱的，还有一些是赔钱的。我还制订了一份怎么开一家赚钱的烧烤店的计划。"

看到学生交给自己的报告，老师再一次感受到了他的特别。他不太确定按照这个学生的计划到底能不能开一家真的赚钱的烧烤店，但是能看得出来这是一份翔实的调查报告和一份严谨的计划书。让他没想到的是，一个初中的孩子肯用一个暑假来做这件事，更让他没想到的是，孩子的家长能够允许孩子去做这么一件跟学习无关的事情。从报告的内容能看出来，这里面有孩子家长的帮忙。这位老师说，那一刻他特别想跟这个学生的家长聊聊。可能在孩子的学习上，他们确实有做得不周全的地方，但是这件事，他们真的做得漂亮。现在这个学生也已经有了自己的事业，而且做得很成功。而他当年交给老师的那份报告，老师也还留着，一直被当作学生社会实践的范本拿给更多的家长和学生看。

解放孩子的手脚，让他去接触现实的社会，真的是既考验智慧又考验勇气，并不是所有的家长都能够做到。出于对孩子的爱和保护，很多家长觉得社会上有些东西不能够让孩子接触，甚至不应该被看到。他们宁愿让孩子活在他们精心编织的童话世界当中，甚至就连童话世界也都得经过他们的净化。这些年，有些家长甚至因为担心孩子会留下心理阴影而投诉动漫、投诉童话、投诉童谣。曾经就有一位家长通过邮件表达了这种担心，他说他的孩子非常喜欢阅读，他也尽量会选知名度高的书。但是用一个孩子家长的眼光来看，他还是从里面看到好多刺眼的内容。他说这些内容让他看得心惊肉跳，不敢想象孩子看到后会有什么样的影响，说自己是不是有点担心过度了。

是不是担心过度，我们姑且不论，但是从中却能够感受到父母想要保护孩子的心情有多么迫切。我们的家长太想让我们的孩子生活在完全无菌的环境里了，但是我们都知道，另一个现实就是生活在无菌环境里的人，一旦接触到外面的世界后将会是致命的。之前我们引用过纪伯伦的诗句"你的孩子，其实不是你的孩子"，现在我想再说一句：你的孩子，其实不是你的孩子，他终究是要独立面对这个世界的。不让孩子看到社会的真实，他如何能够跟这个大环境相融合，家长又如何能够根据他在面对现实时的表现发现他的优势？

家长绑住孩子的手脚，不让他跟现实的世界接触真的只是因为对孩子的爱和保护吗？家庭治疗师萨提亚说："问题本身不是问题，如何应对才是问题。"不管是低年龄段的孩子所接触到的影视、出版物，还是高年龄段的孩子所面临的社会，都会存在这样或者那样的问题，这是我们无法改变的现实。但是就像萨提亚说的那样，面对这些问题，我们的家长是怎么应对的才是解决问题的关键。不幸的是，很多家长简单粗暴地使用了强制隔绝。我们之所以幻想着有一个完全没有任何问题的世界，很重要的原因就是因为只有在这样的环境里，我们才可以心安理得地放手不管。因为这个环境是完全无害的，哪怕孩子没有任何解决问题的能力，也不用担心会受到伤害。

可见，问题的关键往往不在于问题本身，而在于我们应对问题的方法。我们那么决绝地想要将孩子跟现实隔离，不让他们去冒险，也不全是因为爱，还因为懒。懒得去习得应对的智慧，也懒得帮孩子习得这种智慧。

所以，我们最后要说的是解放孩子的手脚，让孩子在真实的大环境中展现更好的自己。这是优势教养和顺势成长非常重要的一环，这既需要家长的勇气，更需要家长的智慧。也许我们已经足够努力，可现实环境中依然存在着这样那样的问题，而爱和保护是家长面对问题时的本能反应，但是我们还有更好的选择。把爱从保护模式调整为陪伴模式，家长爱孩子的方式变了，那些问题或许就不是问题了。而有了家长的勇气和智慧的加持，孩子的手脚自然也就能够得以解放了。

第三节　自驱型大脑更喜欢顾问模型

我们讲要让孩子顺势成长，就是要让孩子获得最好的成长，而最好的成长莫过于自我成长，自我成长最可贵的地方就是能够自我控制。

西南大学心理学部教授高雪梅说："最好的成长是自我成长，最好的控制是自我控制。为人父母，最重要的就是引导孩子学会独立思考、独立决断，为自己负责，充分释放孩子自我完善的内驱，身体力行，体验成长的困惑与获得成长的勇气。"

之前我们聊过孩子头脑自由的问题，我们讲的是要尽量减少对孩子思想的干涉，给他们生发各种奇怪想法的权利。但是，这样的头脑自由对于孩子的自驱成长还是远远不够的，所以，这次我们再提头脑解放，其实是要分享一个重要的思考工具，以此来帮助孩子形成自驱型大脑。孩子要想获得自驱型成长，没有自驱型大脑的把控是不可能做到的。

孩子的自驱成长可以看作顺势成长理念当中的核心发动机。节目主持人、儿童有声阅读平台"果酱故事"的创始人张扬果说："自律的最高境界，是自我驱动，就像给人生安装了一台永动机。"关于顺势成长，我们讲了很多。我们讲如何了解孩子，如何塑造孩子完整独立的人格；父母如何完成自我觉醒，如何给孩子好的爱和自由。但这一切不过是在为孩子提供顺势成长的条件，都是在尽力营造一个环境。这所有的一切努力要想发挥作用，都离不开一个开启自驱模式的孩子。只有孩子愿意走在前面，家长才有可能做那个跟在孩子身后半步的陪伴者。如果孩子拒绝成长，什么都不想做，也不想成为那个更好的自己，这所有的一切便都成了大而无用的屠龙术。因为就算是家长做好了充足的准备，成长过程当中的痛苦、疑惑和艰辛都是不可避免的，所以我们必须让这台发动机启动起来。

自驱状态是孩子顺势成长的发动机，而自驱型大脑则是孩子进入自驱模式的发动机。自驱型大脑有两大特征，一是自发，二是自律。简单说就是该做的事情不用家长催促监督便积极主动去做，不该做的事情也不用家长警告和制止便不再去做。这样的孩子不仅家长省心，其未来的成就也同样可期，因为不管是自发还是自律都是出自自己对事情的掌控，做什么不做什么都有明确的规划，人生路上的每一步都是出于自身发展的需要而不是别人的要求。所以，这样的孩子还有一个特别大的优势，他们对于"毒性压力"有着非常好的抵抗力。

什么是毒性压力？这要从一个现象说起：美国的华盛顿特区到帕洛阿托之间的社区是有名的富人区，住在那里的人都是收入颇丰的高端人士，过着富足且体面的生活。按理说这些人应该是开开心心、无忧无虑的才是。可是这里却频频出现一种奇怪的现象，频繁到住在这里的人已经见怪不怪了。那就是这里时不时便会有高中生自杀，而每当有学生自杀时媒体都会大肆报道。几乎每篇报道里都透露出这样的不解："我完全不能理解，他是年级里数一数二的学生，修了四门高阶课程，还获得了优异的成绩。他领导着自己的社团，还是校足球队的核心，他究竟为什么要自杀呢？"

住在富人区里，家庭条件优渥，有优秀的爸爸妈妈，自己又那么出色，这样的年轻人，怎么会选择自杀呢？

其实，这样的不解源自我们的偏执，我们总是偏执地认为只有那些饱受失败和挫折蹂躏的人才会想要自杀。而真相则是，所有深受"毒性压力"折磨的人都有很高的自杀概率。"毒性压力"之说来自哈佛大学儿童发展研究中心对压力进行的分级，他们把压力分为三个级别，分别是"积极压力""可忍受压力""毒性压力"。当孩子的精神长期处于毒性压力之下时，便会出现各种不良状况：情绪低落、无精打采、注意力无法集中、不愿交流、紧张、焦虑、暴躁、厌学……各种情况都有可能出现。要是再严重一些，便会出现生理上的反应，从精神性问题变成功能性问题，甚至产生严重抑郁和自杀倾向。

什么样的人容易碰上毒性压力呢？那就是缺乏自发和自律的人，也就是没有自驱动力的人。这样的人从来都是别人要求怎么做就怎么做，不知道为什么要这么做，也不知道做好了怎么样，更不知道下一步要做什么。如果要求不高的话，他的压力会停留在可忍受压力阶段，一旦遇上较高的要求，很容易就会转至毒性压力。所

203

以，毒性压力通常会出现在那些被动优秀的人身上，因为这些人虽然优秀，但并不是自己的所想所愿。

而自驱成长的孩子，做什么事都是出自自我需求，也有明确的规划。他知道自己在做什么，也知道为什么要这么做，还知道下一步要做什么。所有的一切都在自己的掌控之中。当然，成长的路上，尤其是想要变得更加优秀的成长路上，压力自然也是少不了的，但是这种压力通常是积极压力，能够促进孩子的进步。

那么，怎么才能开启孩子的自驱型大脑呢？我们来看看威廉·斯蒂克斯鲁德和奈德·约翰逊的《自驱型成长：如何科学有效地培养孩子的自律》一书中是怎么说的。

书中说大脑的发育取决于它是怎么使用的。既然是自驱，首先就要让它习惯于自主，就得让孩子尽可能多地掌握主导权，这就能帮助孩子的大脑建立起一种应对压力的回路，从而在压力来时快速应对。只要是孩子自己拿主意，就都会激活孩子的前额皮质，并使其有效地作出反应。这样大脑的领航员模块就会成长，通过这种控制感的培养变得更强大，才能在压力来临的第一时间就得到控制。

书中也提到，这个激活前额皮质的过程是痛苦的。为了帮助家长应对孩子的这种痛苦，他们分享了一个著名的模型，这个模型把胜任力分成四个阶段。只要家长按照这四个阶段的要求去培养孩子，便有可能驯化孩子的大脑，从而开启孩子的自驱型大脑。

第一阶段　无意识的无能

这个阶段的孩子认为：我挺不错的，我不需要学习，我本来就会。但实际上，他并不会。作为家长，这是最容易越界的时候。你已经可以预见孩子的失败，而你非常想帮助他免于失败。但是，如果在他不情不愿的基础上，你强行提供了帮助，其实是无法启发或开导他，事实上，你压根儿也不应该这样做。因为孩子应该对因自己的选择而导致的失败负责，家长只需要帮他明白一个道理：失败只不过是暂时的，因失败而得到的经验教训则是长久的。

第二阶段　有意识的无能

这时候，孩子会想：好吧，这事比我想象的要更难，看来我得下点功夫学习了。就算他还没有付诸行动，心里也已经明白这一点。为此，他通常能自发地去学习。

第三阶段　有意识的胜任

孩子在这个时候开始认为：我真的花心思学习过了，我知道我真的会了。当孩子到这个阶段时，家长通常都会非常高兴。不过，这仅仅是理想状态，与现实还有不小的差距。

第四阶段　不自觉的胜任

多年后，当年的那个孩子也成了家长。他对很多技能都已运用自如，于是，他开始搞不懂，为什么自家的孩子面对那些像呼吸一样自然的东西时一筹莫展。实际上，孩子在家里的时候，在某些地方就会表现出不自觉的胜任，比如看书或垒积木，不过在多数情况下，家长不必太担心这个阶段的事。如果非要说有什么值得担心的，那就是请注意，家长不要因为自己能不自觉地胜任某些事就认为孩子也应如此，进而影响孩子的自发成长过程。

因为自驱和自驱型大脑对优势教养和顺势成长都太过重要了，我们有必要认真掌握。需要注意的是，在孩子度过这几个阶段的过程中，我们家长依然是要扮演陪伴者的角色，既不能强行掌控也不能缺席，要默默地站在孩子的身后提供必要的支持和指导。

第四节　有限解放，享受型爱好和成长型爱好

我们先说一个现象，你知道很多刚刚走上社会的年轻人的应聘简历上爱好和特长一栏通常是怎么写的吗？最常见的几个关键词有：音乐、阅读、旅游、美食、社交。这些词是不是看着还不错呢？可是在负责招聘的人的眼里，音乐就是喜欢听歌，没事就跟朋友一起去KTV；阅读不过是把大把的时间用来看一些无聊的小说；旅游就是把别人用来工作和学习的时间到处乱逛，为此还要付出相当大的经济成本；美食就是喜欢吃，为了一口好吃的不惜花费更多的时间、精力和钱财；社交就是没事喜欢找人闲聊，参加各种聚会。

很显然，在用人者眼里，这些根本就算不上什么有价值的爱好和特长。但是在这些年轻人眼里，这些就是爱好和特长，不然他们也不会堂而皇之地将其写在简历这么重要的文件了。为什么这些年轻人会有这样的认知，有些是因为实在没有能够说得过去的具体特长，有些则是其家长从小就是这么"培养"的。为什么家长会做这样的事？因为他们认为这是在解放孩子的手脚，他们是在给孩子自由，让孩子接触这个现实的社会。说起来，这也是顺势成长所提倡的，可是，从结果来看，这根本就不是顺势成长所追求的。其

实，这不过是家长们自以为是地在解放孩子的手脚而已。他们是没能分清楚什么是享受型爱好，什么是成长型爱好。我们在讲解放孩子的手脚时说过，解放孩子的手脚既考验家长的勇气又考验家长的智慧。而分辨什么是享受型爱好，什么是成长型爱好便是很重要的智慧。

我们再说另外一个现象，现在大学生旅游非常普遍，已经形成了庞大的大学生旅游市场。大学生旅游到底合不合适？相关讨论的热度一直不减。有的人说大学生当然应该出去旅游，而且还应该多出去旅游。他们不仅会周末近郊游，假期国内游，还会在临近毕业的时候突击旅游。因为他们知道，上班以后再想以这么轻松的心态、这么充裕的时间去旅游几乎是不可能的。而且较长时间的旅游费用也不是刚上班的他们所能承受的，对于大学生出游的好处，当然也很充分。学生们往往会有下面的理由：

"读万卷书，行万里路，旅行开阔眼界、增长见识，培养独立人格，增强应变能力，是个人综合素质增长的绝佳途径。"

"我是一个非常喜欢旅游的人，也主张大学生多去旅游，旅游不仅可以陶冶情操，让人心情愉悦，还能了解世界各地的名胜古迹，增强个人的知识能力。"

"学生时代就是长知识的时代，有寒暑假，时间相对充裕，人生也只有前十几年才有这样的时间，一旦工作了以后，即使有了钱也没时间了。就算是跟父母提前预支，旅游中花再多的钱，实际上你工作最多三五年也就还上了。"

不仅是学生这么认为，在一份关于大学生旅游的报告当中，有受访的大学老师表示："旅游，是大学生的愿望，也是休闲的一种特殊方式，大学生应该在空闲时间多出去旅游，对增加自我意识和独立意识都有较大帮助，还能增进朋友之间的友谊。"

　　看看这些理由，放在顺势成长的语境当中，是不是每一条都说中了要点。我们做家长的有条件要支持，没有条件创造条件也要支持呢？确实有家长真的就是这么做的，他们可能忙碌几十年都没有机会或者是没有能力做这种奢侈的事情。但是哪怕是条件不允许，也要咬紧牙关节衣缩食让孩子去开阔眼界、增长见识、增强自我意识和独立意识。在这些父母的眼里，这也算得上是一种投资了。所以才有学生说用父母的钱就算是提前预支了，花再多的钱将来也会还上，这就有些不计任何代价的意思了。那么，现实情况到底是什么样的？他们真的把那些承诺都落到实处了吗？

　　2019年，中国青年网校园通讯社对全国658名大学生进行了问卷调查。有几个问题的调查结果值得我们注意：

　　问题一，是否支持大学生出去旅游？

　　据调查显示，约有85.87%的大学生支持旅游，13.53%的学生表示中立，只有0.61%的学生表示反对。支持旅游的学生已经呈现出压倒性优势。

　　问题二，外出旅游的经费主要来源是什么？

　　据调查显示，72.49%的大学生表示，旅游经费来源于父母，有36.93%的大学生表示旅游经费是自己打工赚来的，有35.26%的大学生表示他们的旅游经费用的是自己的压岁钱。

问题三，大学生旅游时都干了些什么？

调查显示，84.04%的大学生选择了品尝当地的特色小吃，76.29%的大学生选择当地著名景点，有72.04%的大学生选择了当地的风土人情。

通过这调查，我们大概能够作出一个判断，绝大多数的大学生支持大学生旅游。大多数学生旅游的费用是从父母那里得来的，而大多数的学生出去旅游都是奔着著名景点和特色小吃去的。需要说明的是，这里说的大学生旅游不是偶尔出去转转，而是习惯性、经常性的旅游，为此需要付出极大的时间精力和金钱成本，这就是最基本的事实。而如此旅游不过是众多享受型爱好当中的一项，这样的兴趣爱好越多，说明我们对孩子手脚和头脑的解放偏差就越严重。所以，这些事我们一开始就要做对，这也是解放孩子所必要的智慧修炼。

要让孩子的解放之路能有更好的效果，我们首先就要弄明白一件事：并不是所有的喜欢和爱好都是要支持的。这并不是哪个孩子或者是哪个家长的问题，而是因为享受本来就是人的本能。心理学上本就有低级快乐和高级快乐的区分。低级快乐容易满足，几乎唾手可得，但是对人的成长和自我完善却非常不利，仅仅符合人的本能。而追求高级的快乐，就需要学会延迟满足。高级快乐虽然能够促进我们不断成长，但是这个过程却是痛苦的，也是违反本能的。所以我们本能地就会追求那些低级的快乐，并下意识地把它错认为是有价值的。实际上，低级的快乐就是那些享受型的爱好，而高级快乐便是成长型的爱好。

那么，我们又怎么去区分什么是低级的快乐，什么是高级的快乐呢？毕竟这些爱好也不会自己告诉你它是享受型的还是成长型的，而且所谓的低级和高级并非某种爱好固有的特性，关键是看我们怎么做。同样的爱好，有些人以追求感观快乐为目的，那就是享受型的；有些人则以追求心灵成长为目的，这就是成长型的爱好。就像是大学生旅游，如果以追求低级快乐为目的，就会用最简单的方式获得最即时的满足。比如拿着父母的钱，去著名的景点，然后就是玩好、吃好、拍照发微信朋友圈显摆，这时候大学生旅游就是享受型的爱好。而如果是以追求高级快乐为目的，他就会靠自己的努力去赚取费用，并作好规划，走进这个地区的内核，了解这个地区的历史、文化，乃至经济发展特征、企业的主要类型和对人才的需求等，这样，每次出游都能不虚此行，这样旅游就变成了成长型的爱好。这里分享几个特征，以助于我们更好地区分，也便于大家更好地把所要做的事都变成成长型爱好。

目的

凡事预则立，不预则废。目的是判断享受型爱好还是成长型爱好最重要的特征，但是这个特征不是说出来的，而是做出来的。很多享受型的爱好，也会打着成长型爱好的旗号。就像我们看到的大学生旅游，从哪一条看都是成长型爱好，可是实际上很多出去旅游的大学生却把它变成了享受型的爱好，所以，当孩子说要做什么事的时候，问问他的目的，但是不要仅限于口头回答，还要有一个明确的书面答案。一在于明确，二在于警醒。既然说出来的理由是成长型的，我们就借此把这个理由变成真实目的。

过程

我们说解放孩子的手脚，父母既不能强行管控，又不能缺席。这个不缺席就在于从这个过程中的表现进一步判断他在做的到底是享受型的还是成长型的事情。过程当中怎么观察？这个过程当中既有快乐的事，也会有痛苦但是能促成成长的事情发生。看孩子在这个过程中怎么表现，会不会选择性地去做体验。要知道陪伴的一个重要作用就是及时提醒、纠错。

结果

事前的理由，事后的结果，这是一个需要相互印证的闭环。我们做每一件事，都要有一个结果。喜欢音乐，不能是买了一套器材设备闹腾了一阵就算了；喜欢旅游，也不是出去转一圈回来就算了。我们回来要有个结果，这个结果还要跟事前的理由相印证。

如此，孩子的爱好到底是享受型的还是成长型的，自然也就明了了。而且，这个过程中父母在陪伴时还能及时予以纠偏，但是只是提醒就好，不要强求，否则，陪伴就又变成了掌控。陪伴本身观察的意义大过指导，只要能作出判断，我们的目的也就达到了。就算是享受型的爱好，本身也没什么不好，孩子放松一下也是平常的事情，这也是一种很不错的亲子活动。我们只需要知道，虽然热情很高，使用频率也很高，但是这件事真的不能成为他的优点，这不是优势教养应该关注的点。

第五节　三观定性，无所为才能无所不为

我们要解放孩子的手脚和大脑，要开阔孩子的眼界，要让孩子认识真实的社会，还要让孩子跟社会这个大环境和谐相处，我们就需要让孩子置身于这个真实的社会当中，让他们去经历，去展现，去成长。但是，这个大环境总是会存在这样那样的问题，这些问题都是孩子健康成长的潜在威胁。我们说解放孩子需要家长有足够的勇气，但是勇气不等于莽撞，也没有哪个家长舍得冒冒失失地把孩子放在这种潜在的问题面前。我们总得为孩子做些什么才好，既然我们没办法解决所有的问题，那就只好想办法增强孩子辨别问题和解决问题的能力。可是这种能力大多需要在处理问题当中慢慢培养，我们不太可能在问题尚未出现的时候就赋予孩子这种能力。我们也可以选择陪伴，陪伴是必须的，但是任何陪伴都无法做到全天候。我们所说的陪伴不过是时时关注，在关键处适当提醒、点拨。如果关注过多，就又违背了我们要解放孩子的初衷。

这个问题要怎么解决？我们不妨看看那些总是出问题的孩子，他们身上有什么共同的特征。

有一个读初中的小女孩，在某个平台上征求大家的意见。这个女孩说，她有一个关系特别好的朋友，家里的条件很好，一个人就有好几台平板电脑。今年放暑假的时候，她就跟对方借了一台回家

用，现在马上就要开学了，她又有点拿不定主意了，她在犹豫到底应该把平板电脑留在家给弟弟使用，还是在二手平台上卖了换点钱更合适？她的问题让很多人大跌眼镜，纷纷留言说难道不是应该还给人家吗？但是这个小女孩好像听不懂大家的话，还一直在向大家解释，说朋友家的条件有多好，说她们之间的关系有多好，说朋友平时有多大方。还信誓旦旦地说，她敢保证不管是留在自己家里还是卖了，朋友都不会计较的。

还有一个年轻的妈妈打电话过来咨询，很委屈地说她的儿子已经很长时间没跟他们两口子说话了，这让他们觉得非常难过。她不明白自己一手带大的孩子怎么会变成这样。我让她先平复一下情绪，然后开始进一步了解情况。

我问："孩子是不是有沟通上的障碍，平时就不愿意跟人沟通，或者是孩子最近遇到了什么问题，导致情绪低落不愿意说话，还是说对孩子的管教过于严苛让他产生了逆反心理？"

这是孩子突然不跟父母沟通最常见的几种原因，我猜这孩子可能也是这样的情况。

可是这位妈妈很肯定地说："都没有，他一直都是个很优秀的孩子，我们也一直觉得挺自豪的，老师也非常喜欢他，近期也没有谁批评过他。"稍微停顿了一下，这位妈妈好像又想起了什么似的补充道，"我说的不跟我们说话，不是说有事不跟我们沟通，而是完全不说话。这都半个月了跟我们就没说过几句话，我们问他他也不说。但是他在外面跟别人都挺好的，他还是挺会跟人相处的，他没有这方面的问题。之前虽然跟我们也是说话不多，但是也没有像现在这样几乎一句话都不肯说。"

她的进一步解释，让我心里有了更准确的判断。他不是不善于沟通，也不是不想说话，他只是单纯不想跟父母说话。为了进一步了解问题的真相，我去见了这个孩子。就像他妈妈说的那样，小伙子很阳光也很健谈。我们先聊了一下别的，感觉很好。然后我们来到他的房间，聊起他跟爸爸妈妈之间的问题。小伙子也很坦诚，直接回答说："跟他们过于亲密会让我觉得很没面子。所以，在外面我尽量跟他们保持一定的距离，在家里保持一定的距离不容易，但是我能尽量不说话。"

他的话让我想起了之前在微博上热度很高的一个讨论，这个话题就叫，"我太优秀了，爸妈不配拥有我"。那个孩子比他小一些，十岁左右，但是跟他一样优秀。他们都同样觉得自己的优秀不是平凡的父母所配得上的，虽然已经有了一定的思想准备，但是我还是被这个小伙子震惊到了，真正让我震惊的不是孩子的想法，而是他有这种想法时的态度。我接触过不少这样的孩子，会嫌弃自己的父母，刻意跟他们保持距离。但是这些孩子在面对这个问题的时候，眼神会本能地躲闪，会不由自主地低着头。可是这个小伙子的坦然，甚至是自然的程度让我震惊。可以看得出，他并没觉得这么做有什么不对的，而且，短时间内也不容易让他意识到这是错误的。

那个在平台上提问的小女孩，这个拒绝跟父母沟通的小伙子，还有那个说父母不配拥有自己的小男孩，不管这些人目前的状态怎么样，如果要解放他们的手脚给他们足够的自由的话，他们能避开现实当中的那些问题吗？真的很难给出肯定的答案。因为他们的问题都是三观出了问题。而世界观、人生观和价值观则是支撑我们整个精神世界的重要支柱。都说意识决定行为，行为决定处境，而意识则由两个重要的部分组成：一是智商和思维方式，二是三观。智商和思维方式决定了我们能把事情做到什么程度，而三观则是我们在社会上选择取舍的重要依据。跟什么样的人一起，做什么样的事、不做什么样的事，判断什么是对的、什么是错的，这些都是要以三观作为标准来衡量的。可以这么说，只要是三观没有问题的孩子，不管事情完成得好不好，总不至于惹出更大的麻烦，也不会让自己受到伤害。但是三观有问题的孩子，经常会因为错误的选择而让自己陷入麻烦当中，很多时候他们本身都是问题。所以李玫瑾教授说："'聪明+三观正确'的人可为他人和社会做出贡献，而'聪明+三观扭曲'的人则可能给社会带来危害。"

李教授这么说也是有实际经验的。她只有一个女儿，作为育儿专家的她一开始也是想把孩子培养成一个有卓越成就的人。但是女儿的文化课成绩比较差，为了帮助女儿提高文化课成绩，李教授也尝试了各种办法，但是结果都收效甚微。在这种情况下，李教授逐渐转变了培养孩子的思路，开始尝试优势教养。她不再把主要精力放在孩子不怎么出色的文化课上，而是更加关注孩子在其他方面的表现。她开始让孩子尝试学习之外的很多事情，解放孩子的手脚，让她去做、去经历，然后她重新发现孩子的优点。经过长时间的观察，她发现女儿在音乐上具有一定的天赋，对歌舞也表现出强烈的兴趣。然后她就决定孩子不一定非得要上重点大学，只要她活出真正的自己就好了。这之后，在李教授的支持下，女儿开始学习音乐。现在李教授的女儿是一位大学音乐教师，虽然没有成为卓越的音乐大师，但是她活出了自己最好的状态。后来，李教授在谈到这件事的时候说："我宁可让孩子上不了名牌大学，也要让孩子活得快快乐乐。"

这就是真正的优势教养，这才是顺势成长。我们再回到聪明和三观的关系中来，按照李教授的说法，那个让作为育儿专家的她想尽办法都无法提高成绩的女儿显然不是太聪明的孩子。但是李教授知道孩子的三观是正确的，可以给孩子足够的自由让她去尝试。也就是这样不断地尝试和观察，李教授才发现了孩子身上的优点。之所以是经过了长期的观察，就是要让孩子充分展示真实的自己。李教授这里说的"聪明"指的就是智商和思维方式。哪怕是不太聪明的孩子，只要三观正确，依然可以成为一个优秀的人。如果是三观不正确的人，不管聪明还是不聪明都不太可能变得优秀。不聪明三观又不正确的人总是使自己受到伤害，而聪明三观却不正确的人则可能给别人带来伤害。所以，当优势教养需要我们解放孩子的手脚，而我们又不可能帮他解决现实中的那些问题时，正确的三观就是我们能够给他的最好的保护，它能帮助我们让孩子避开大多数潜在问题的伤害。孩子正确的三观从哪里来，父母就是孩子三观的第一位也是最重要的老师，言传身教是塑造孩子正确三观的最好方式。